Norbert Wessels

Erfolgreich verhandeln

Norbert Wessels

Wenn Ihnen ewiges Leben angeboten wird,
dann verlangen Sie bitte mehr!

Erfolgreich verhandeln

Herstellung und Verlag: BoD – Books on Demand, Norderstedt

ISBN: 9783754373408

© Norbert Wessels 2021

Buchlektorat und Textredaktion: Silja von Rauchhaupt

Buchsatz und Umschlaggestaltung: Uta Struhalla-Kautz, SK-Grafik.de

Umschlagfoto: Thomas Monhof

Geleitworte

Liebe Leserin, lieber Leser!

Erfolgreiches Verhandeln ist eine der zentralen Erfolgsbedingungen für mittelständische Unternehmen.

Norbert Wessels bereichert mit seinem Buch „Erfolgreich verhandeln" die zu diesem Thema verfügbare Literatur mit persönlichen Einsichten in zeitlose Verhaltensweisen und Handlungsmuster, wie sie im Mittelstand gebraucht werden. Anschauliche Darstellungen und anekdotische Evidenz gewährleisten unmittelbares Verständnis und direkte Umsetzbarkeit.

Wessels stellt Bausteine, Einflussfaktoren sowie Grundlagen erfolgreichen Verhandelns vor und ergänzt dieses Wissen um praktische Tipps und erleuchtende Beispiele.

Der Wirtschaftswissenschaftler Norbert Wessels steht auf dem Fundament zweier klassischer Meisterprüfungen, einer Fortbildung zum Betriebswirt des Handwerks sowie akademischer Abschlüsse zum Bachelor und Master, die er an der Fachhochschule des Mittelstands (FHM) erworben hat. Sein praktisches Wissen resultiert aus einer 20-jährigen Erfahrung im Verkaufen.

Viel Spaß bei der Lektüre und guten Verhandlungserfolg!

Prof. Dr. Dr. h.c. Volker Wittberg
Fachhochschule des Mittelstands (FHM), Bielefeld

An die Leserinnen und Leser dieses Buches

Bewusst oder unbewusst verhandeln und entscheiden wir am laufenden Meter. Das betrifft unser tägliches Leben und natürlich auch unser berufliches Wirken. Dabei bemühen wir unsere kognitiven Fähigkeiten auf sehr unterschiedliche, häufig aber nur rein intuitive Weise. Wir beziehen uns gern auf unsere Erfahrungen, sind spontan. Häufig merken wir dann aber bald die Unzulänglichkeit unserer Entscheidungen, besonders dann, wenn wir unsere Wunschziele nicht erreichen. Der Blick zurück ist dann zu spät.

Um uns zu schützen und natürlich auch, um erfolgreich zu sein, sollten wir uns mit Entscheidungen, die wir aushandeln wollen, und mit den damit einhergehenden Prozessen des Aushandelns viel intensiver beschäftigen.

„Slow thinking" hat das der Nobelpreisträger Daniel Kahneman genannt. Sich Zeit nehmen und reflektieren, das Verhandlungsthema und eigene Ziele durchdenken. Dazu leistet dieses Buch gerade für Mittelständler durch den Erfahrungsbezug einen hervorragenden Beitrag.

Norbert Wessels gelingt es auf der Grundlage eigener Erlebnisse und theoretischer Betrachtungen, beides zusammenzuführen. Er regt damit zur Auseinandersetzung mit dem Thema an und zeigt damit, besonders mit Bezug auf den mittelständischen Einzelkämpfer, Wege für erfolgreiches Verhandeln auf.

Der Wirtschaftswissenschaftler Norbert Wessels ist dem Rat gefolgt: „Höre nie auf zu lernen". Auf der Grundlage „bodenständiger" Lehre und Beruf folgte die Metaebene akademischer Bildung. Damit steht dieses Buch mitten im Leben.

Ich wünsche Ihnen mit diesem Buch ruhige Minuten ganz im Sinne des „langsamen nachhaltigen Denkens".

Prof. Dr. Martin Wortmann
Präsident der Rheinischen Fachhochschule Köln, Juli 2021

Inhalt

Vorwort

„Wenn Ihnen ewiges Leben angeboten wird, dann verlangen Sie bitte mehr!" Dieser Satz ist als Aufforderung an uns alle gedacht. Sie ist bewusst etwas überzogen. Ein bisschen deshalb, weil ich Ihre Aufmerksamkeit erregen will. Aber vor allem darum, weil ich Sie dazu motivieren will, Dinge zu hinterfragen und nicht alles zu akzeptieren, was Ihnen geboten wird. Natürlich wird kein seriöser Mensch uns ewiges Leben anbieten, aber ich meine es ernst. Ganz egal, was Ihnen angeboten wird, Sie sollten immer daran denken:

Es besteht die Möglichkeit, mehr zu fordern. Sie können immer ein besseres Angebot bekommen!

Ich möchte Ihren Blick schärfen und Ihren Verhandlungsmuskel trainieren. Die meisten lassen sich viel zu oft „über den Tisch ziehen" – aus blanker Unkenntnis, aus Gutmütigkeit oder aus schierer Angst vor Verhandlungen. Wahrscheinlich haben auch Sie Schwierigkeiten damit, sonst würden Sie diese Zeilen nicht lesen. Wie gehen Sie mit gefährlichen Verhandlungsmomenten um? Sind Sie in der Lage, die Gefahren zu erkennen oder wundern Sie sich regelmäßig nach einem Geschäftsabschluss, wie Sie nur zu solchen Bedingungen Ja sagen konnten? Wenn Ihnen das bekannt vorkommt, kann ich Ihnen versichern: Damit sind Sie nicht allein. Hatten wir nicht alle schon folgende Gedanken: Da wäre noch mehr drin gewesen? Warum habe ich da überhaupt zugestimmt? Wieso ist mir dieses Argument im entscheidenden Moment nicht eingefallen? Verhandeln ist kein Hexenwerk. Ich zeige Ihnen, wie Sie bessere Abschlüsse erreichen können – einfach oder mit Finesse, aber immer so, dass alle Seiten zufrieden sind.

Beim Verhandeln geht es nicht um einen Rabatt, sondern um den Preis, der gezahlt wird. Das ist vielen nicht bewusst. Maßgeblich sind nicht die vielen Worte des Verhandlungsgesprächs, sondern der Text, der das Geschäft schriftlich besiegelt.

Machen wir uns nichts vor: Ein Handel ist erst dann abgeschlossen, wenn das Geld auf Ihrem Konto ist. Nicht früher und nicht später.

Vielen von uns zerrinnt das Geld zwischen den Fingern. Ob im privaten oder im geschäftlichen Bereich. Menschen, die es gewohnt sind, erfolgreich zu verhandeln, kennen diese Problematik nicht. Sie verfügen einfach über mehr Geld. Durch ihre Routine wissen erfolgreiche Verhandler genau, wie sie ihren Preis durchsetzen oder einfach weniger bezahlen. Ihr raffiniertes Vorgehen basiert auf festen Grundsätzen. Ein Wissen, das überraschend viele von uns nicht kennen. Es wird Zeit, diese Lücke zu schließen.

Wir alle verhandeln ständig. Doch das ist den meisten nicht bewusst. Der Handel hat aber seine Besonderheiten, manchmal auch Tücken. Zu allen Zeiten wussten Menschen, wie wichtig das Verhandeln für ihren Erfolg ist. Dabei kann es sich um scheinbar einfache Dinge handeln, etwa einen Einkauf, Verkauf oder einen neuen Arbeitsvertrag.

Wir sollten endlich aufhören zu glauben, dass es nur in der Geschäftswelt harte Verhandlungen gibt.

Überall wird verhandelt. In allen Lebenslagen versuchen Menschen ihre eigenen Positionen durchzusetzen. Denken Sie nur an Ihren Partner oder Ihre Kinder.

Für uns alle wird es immer wichtiger, Gespräche und Verhandlungen zu deuten und besser zu verstehen. Eine Lösung liegt darin, aus den Erfahrungen anderer zu lernen und sich hierdurch die Techniken des erfolgreichen Verhandelns anzueignen. Diese Kunst beruht vor allem auf traditionellen und zeitlosen Mechanismen menschlichen Handelns, die bis heute in keiner kompakten Form zur Verfügung stehen.

Seit 1980 beschäftigte ich mich mit dem Verhandeln. Dieses Buch ist eine Bündelung meiner Erfahrung als Unternehmer, Verkaufsleiter und Geschäftsführer verschiedener Branchen. Ich kenne beide Seiten, die des Käufers und die des Verkäufers. Ich möchte mit meinem Wissen und meiner Erfahrung dazu beitragen, Ihre persönliche Verhandlungskunst zu stärken und zu entwickeln. Dabei stehen besonders die Preisfindung, die Abschlusssicherheit sowie die Angstbewältigung vor Verhandlungen im Vordergrund.

Die zeitlosen Strategien des erfolgreichen Verhandelns, die ich Ihnen in diesem Buch zeige, sind sofort praktisch umzusetzen, unabhängig von persönlichen Umständen, Talenten oder Ihrer Ausbildung. Suchen Sie sich die richtigen für Ihre Situation aus und kombinieren Sie sie, dann verstärken sie sich wechselseitig. Markieren Sie interessante Passagen und erweitern Sie das Inhaltsverzeichnis um persönliche Anmerkungen. Und wenn es Ihre Zeit erlaubt, wiederholen Sie das Studium des Buches nach geraumer Zeit.

Nur noch ein Hinweis zur Schreibweise dieses Buches. Auch wenn ich bei den Personenbezeichnungen die traditionelle Schreibweise gewählt habe, möchte ich betonen, dass ich mich selbstverständlich an zukünftige Verhandlungsprofis jeden Geschlechts wende.

Da ich meine Seminarinhalte kontinuierlich an den Bedürfnissen und Anforderungen meiner Kunden und Seminarteilnehmer ausrichte, freue ich mich über Ihre Erfahrungen mit dem Verhandeln und mit den Empfehlungen, die ich Ihnen in diesem Buch gebe. Sie können mich unter der folgenden E-Mail-Adresse erreichen: Norbert-Wessels@mail.de.

Sie möchten die Erkenntnisse aus diesem Buch mithilfe eines Praxisseminars vertiefen? Dann besuchen Sie einfach meine Website, www.norbert-wessels.de, und bitten um weitere Informationen.

Ich wünsche Ihnen viel Vergnügen beim Lesen und vor allem viel Erfolg beim Verhandeln!

Norbert Wessels
Remscheid, Juli 2021

1 Einleitung

1.1 Warum fällt uns Verhandeln oft so schwer?

In vielen Gesprächen kommt es zum Verhandeln. Oft sind wir inmitten einer Verhandlung und merken es noch nicht einmal. Dann wieder wissen wir es genau, machen aber vor lauter Aufregung einen Fehler nach dem anderen. Im Prinzip ist der Gesprächsverlauf, so unterschiedlich die Situationen und Verhandlungspartner auch sind, immer gleich. Es ist ein Prozess, mit einem Anfang und einem Ende. Wirkliche Verhandlungsmacht haben wir aber nur für einen Moment – und schon ist er wieder Vergangenheit. Wieso lassen wir so oft diese Momente ungenutzt verstreichen?

Oft sind es Hindernisse, die mit unserer Person zu tun haben. Vielleicht haben wir das Gefühl, es allen recht machen zu wollen. Oder wir haben Angst, etwas zu verlieren. Meistens haben wir aber keine Ahnung, weil wir das Verhandeln einfach nicht gelernt haben.

Was sind typische Fehler, die unserem Erfolg im Wege stehen? Ein häufiger Punkt ist die mangelhafte Abschlusssicherheit. Viele von uns haben schlichtweg Angst vor dem Abschluss. Andere haben Schwierigkeiten dabei, Kaufsignale zu erkennen oder richtig einzuschätzen. Oder es fehlt an der Fähigkeit, Kaufsignale auszulösen. Wenn wir es nicht schaffen, von der Beratung zum Abschluss zu kommen, verhindern wir erfolgreiche Ergebnisse.

Ich verstehe mich als Experte für erfolgreiches Verhandeln. Mein Motto und mein Wunsch für Sie ist: Zahlen Sie weniger und nehmen Sie mehr ein. Ich möchte Ihnen zeigen, wie Sie in Zukunft erfolgreicher verhandeln können. Glauben Sie mir, das hat nicht mit Talent zu tun, sondern mit Know-how. Und das möchte ich Ihnen in diesem Buch vermitteln.

Ich möchte Ihnen aber nicht suggerieren, dass ich allwissend bin. Eine Quintessenz der schon bestehenden Literatur über das Verhandeln ist dieses Buch ebenfalls nicht. Mein Buch ist kein abstraktes Werk, sondern gespeist aus echten Erlebnissen und Erfahrungen.

Sie können sich sicher sein: Alle Geschichten, die Sie in diesem Buch lesen werden, sind tatsächlich so passiert. Ich fühle mich der Wahrheit verpflichtet. Natürlich habe ich den handelnden Personen einen anderen Namen gegeben. Dennoch kommt alles aus erlebter Praxis und meinem Leben. Wissenschaftliche Ansätze sind als solche gekennzeichnet. Ich denke jedoch, dass wir aus der Praxis am meisten lernen können.

Selbstverständlich ist jede meiner Thesen zunächst einmal eine Empfehlung. Sie können sie auf Ihr spezielles Gewerbe oder Ihre Branche übertragen. Erfolg unterstellt, dass im Normalfall die Einnahmen größer sind als die Ausgaben. Realisiert wird dies in der Regel durch unterschiedliche Einkünfte.

Mit der Zunahme des allgemeinen Kosten- und Preisdruckes und einer sich globalisierenden Marktsituation fällt es vielen immer schwerer, am Monatsende noch Geld übrig zu haben. Stockt zudem die Wirtschaft – wie in der aktuellen Krise (2020/2021 Corona) – kommt es zu einer erheblichen allgemeinen Verunsicherung. Bei der aktuellen Auftragslage gibt es in der Gastronomie und dem Reisegewerbe existenzbedrohende finanzielle Engpässe.

Meine Zeilen können die Krise nicht stoppen, aber es ist nicht schlecht, sein persönliches Wissen im Bereich des Geldes zu vergrößern. Deshalb möchte ich Sie gern in die Kunst des erfolgreichen Verhandelns einführen. Bedenken Sie bitte, dass die nächste Krise nicht lange auf sich warten lassen wird. Einmal abgesehen von den ständigen Preissteigerungen, denen wir begegnen müssen.

Man braucht keinen Masterabschluss, um zu spüren, dass vieles nicht mehr so funktioniert wie gehabt. Normale Marktmechanismen scheinen außer Kraft zu sein. Erstes Beispiel: Es lohnt sich nicht mehr, Geld zu sparen. Geld bringt kein Geld mehr. Kundentreue wird mit Tritten belohnt. Dies wird besonders durch die vielen Vergleichsportale deutlich, die einer längeren Kundenloyalität entgegenstehen, weil sie einen dazu auffordern, den Anbieter innerhalb von wenigen Minuten zu wechseln.

Zweites Beispiel: Kurzarbeit und Arbeitslosigkeit sorgen für Unsicherheit und hemmen vielerlei Entscheidungen. Diese Umstände erfordern eine Reaktion. Voltaire sagte einst dazu: „Sie sind nicht für die Karten verantwortlich, die Sie in Ihren Händen tragen, aber sehr wohl dafür, wie Sie sie ausspielen." In dieser Aussage steckt einiges an Sprengkraft. Sie besagt, dass Sie jetzt beginnen können. Oder anders gesagt: Kluge Leute brauchen keinen Ratschlag und Dumme nehmen keinen an. Der geneigte Leser entscheidet selbst, wo er sich einordnet. Schließlich ist immer noch Platz für Verbesserung.

1.2 Wie es zu diesem Buch kam

25.09.2012. Das ist das Datum, an dem sich mein Leben verändern sollte. Nach einer stressigen Woche wollte ich mich gerade für ein Seminar (Geschäftskundenprozesse im DHL-Paketvertrieb) vorbereiten. Zu Hause angekommen, überkam mich eine große Übelkeit. Mir wurde immer heißer. Ich musste mich übergeben.

Um mir ein wenig Linderung zu verschaffen, beschloss ich, mich zu entkleiden. Plötzlich bekam ich unerträgliche Kopfschmerzen. Ich hielt es einfach nicht mehr aus. Das Einzige, was mir einfiel, war, die Wohnung zu verlassen, um Hilfe zu holen. Was ich in meinem Zustand nicht bemerkt hatte, war, dass ich tatsächlich vollständig nackt war. Anwohner sahen mich so auf der Straße und alarmierten die Polizei. Man fing mich ein (so die spätere Aussage der Polizei) und ich wurde wegen meines besorgniserregenden Gesundheitszustandes per Rettungswagen in die Neurochirurgie in das Krupp Krankenhaus in Essen gebracht. Dieser Umstand war aus zwei Punkten für mich bedeutsam. Erstens verfügte dieses Krankenhaus über eine Neurochirurgie, was nicht selbstverständlich ist, und zweitens war ich in nur drei Minuten in der Notaufnahme des Krankenhauses. Dies sollte sich später als lebensrettend herausstellen.

Ich muss dazu sagen, dass ich nach dem Verlassen meiner Wohnung einen Filmriss hatte. Alles was ab dann geschah, erfuhr ich später aus unterschiedlichen Quellen. Selbstverständlich ist es mir bis heute unangenehm, dass ich als nackte Person aufgefunden wurde, aber es gibt Dinge, die lassen sich nun mal nicht ändern.

Im Krankenhaus versetzte man mich sofort in ein künstliches Koma, da die Schmerzen wohl unerträglich gewesen waren. Mir war im Kopf ein Blutgerinnsel (Aneurysma) geplatzt. Nach einem künstlichen Koma kämpfte ich weitere sechs Wochen auf der Intensivstation ums Überleben. Die Ärzte hatten mich schon abgeschrieben: „Er wird es wohl nicht schaffen." Aber da hatten sie die Rechnung ohne Gudrun gemacht. Meine damalige Lebensgefährtin und heutige Ehefrau erwiderte: „Ach, das wird er schon schaffen."

„Ihr Wort in Gottes Ohr", tönte der Oberarzt. Und sie sollte recht behalten.

Ich kann den Dank für diesen Beistand bis heute nicht in Worte kleiden. Daher nochmals Danke für Deine großartige Unterstützung, Gudrun. Nach sechs Wochen kam ich dann auf die normale Krankenhausstation. Mir wurde mitgeteilt, dass ich alle Aufenthaltsrekorde auf der Intensivstation des Krankenhauses gebrochen hätte. Irgendwann muss man ja auch mal gewinnen. Zu diesem Zeitpunkt war mir aber sehr klargeworden, wie schnell ein Leben vorbei sein kann. Bluthochdruck als Krankheit tut nicht weh, kann aber fatale Folgen haben, wie in meinem Fall. Der Druck war einfach zu groß geworden und der aufgestaute Blutdruck suchte sich dann ein Ventil im Gehirn. An dieser Stelle möchte ich jetzt meine Krankenakte schließen.

In der langen Zeit meiner Genesung kam die Kraft nur sehr zögerlich wieder zurück. Meine Gedanken und meine Sprache waren noch sehr rudimentär, dies legen jedenfalls die späteren Aussagen der Lieben, die mich zwischenzeitlich besucht hatten, nahe.

In dieser Gesundungsphase kamen mir nun so einige Gedanken. Mir wurde zum Beispiel klar, dass ich in der langen Zeit meiner Krankheit alle sozialen Verpflichtungen mir und der Umwelt gegenüber einfach fallen gelassen hatte oder anders gesagt, ich habe diese Pflichten nicht mehr als wichtig wahrgenommen. Vielleicht hatte der Körper einfach zu viel mit sich selbst zu tun, als dass ich mich darum hätte kümmern können.

Ich überlegte weiter, denn Zeit zum Nachdenken hatte ich ja genug. Im Krankenbett wurde mir wieder bewusst, was noch zu tun war. Ich hatte rund 30 Jahre an meinem Spezialthema „Erfolgreiches Verhandeln" gearbeitet, es entwickelt und in Form gebracht. Sehr lange schon hatte ich den Traum, aus diesem Thema ein Buch zu machen. Im Sommer 2020 nahm die Idee Gestalt an und ich begann mit dem Schreiben. Mein Gedanke war, dass mein Wissen nicht ungenutzt bleiben sollte. Es sollte möglichst vielen interessierten Mitmenschen zugutekommen. Einzigartig, einfach und dennoch raffiniert sollte es werden. Schließlich geht es um Regeln und Wahrheiten, die auf keiner mir bekannten Schule gelehrt werden.

Komisch, irgendwie scheint es so zu sein, dass wirklich wichtige Dinge, die ein jeder kennen sollte, einem nicht beigebracht werden, egal auf welche Schule man geht. Verweisen möchte ich jetzt schon auf ein Buch von Daniel Jung mit dem Titel „Was Schule heute lernen muss – Let's Rock Education" (siehe „Literaturempfehlungen"). Jung ist der Meinung, dass Schule sehr viel mehr beibringen könnte und auch müsste. Beispielsweise gibt es keine Schule für Vertragsrecht (Sie wollen ja nicht gleich Jura studieren). Das wissen wir doch alle: Was wir unterschreiben, gilt. Dies gilt für Verträge jeglicher Art. Sie binden die Vertragspartner aneinander. Das Schreiben (Aufsetzen) des Vertrags kommt in der Regel nur einem Vertragspartner zu. Und hier schon mal die erste Frage für Sie: Wie viele verlorene Prozesse hat es wohl gekostet, bis es zur aktuellen Fassung zum Beispiel von Standardverträgen oder allgemeinen Geschäftsbedingungen (AGB) gekommen ist? Geld und verlorengegangene Gerichtsurteile speisen oftmals aktuelle AGB und Verträge.

Wann immer Sie die Möglichkeit haben, dann verfassen Sie einen Vertrag selbst! Geben Sie das Vertragsschreiben, wenn möglich, nicht aus Ihrer Hand.

Vielleicht kostet es Geld, aber es lohnt sich. Einige werden entgegnen, aber die Verträge gibt doch die Gegenseite vor, die sind fest. Oder Sie werden hören, „Sie müssen sich schon nach unseren Spielregeln richten." Schlimmstenfalls wird man Ihnen unterstellen, „Sie passen wohl doch nicht zu uns." Mag sein. Allerdings sollten Sie sich angewöhnen, einige Forderungen, die zwar schriftlich fixiert sind, im Vertrag zu Ihren Gunsten zu verhandeln. Schließlich, und dies wollen wir nicht vergessen, suchen doch beide Seiten den erfolgreichen Abschluss.

Verhandeln heißt hier, die Bedingungen zu Ihren Gunsten verbessern, ohne den Deal zu gefährden. Außerdem schulen Sie dadurch Ihr Verhandlungsgeschick. Denken Sie daran, dass jede erfolgreiche Verhandlung Sie stärken wird. Und wenn es nur um kleine Veränderungen geht. Nicht achtundzwanzig, sondern dreißig Urlaubstage möchten Sie. Die Empfehlung heißt hier: Probieren und Testen Sie, wann immer es geht!

1.3 Was aus Kuhhandeln zu lernen ist

Die Welt des Verhandelns bekam ich sehr früh präsentiert. Meine Kindheit verbrachte ich auf einem kleinen Bauernhof im Münsterland. Es kam immer wieder zu Geschäftsabschlüssen auf unserem Hof, im Kuhstall oder auf der Wiese. Mal ging es um Rinder, mal um Kühe, Bullen oder Schweine. Die Verhandlungen waren sehr hart, so schien es mir. Es wurde gefeilscht, wo es nur ging. Hier galt noch das Wort. Per Handschlag wurde der Preis ausgehandelt und besiegelt. Einen schriftlichen Vertrag habe ich nie gesehen.

Allerdings hatten es diese Händler auch faustdick hinter den Ohren. Einer von ihnen reizte eine Verhandlung dermaßen aus, dass mein Vater ihn bat, den Hof zu verlassen. Der Rausschmiss imponierte dem Händler aber keineswegs, denn eine Stunde nach dem Streit kam er wieder, um mit meinem Vater weiter zu verhandeln. Mir fehlten die Worte, obwohl ich zu der damaligen Zeit eh nichts zu sagen hatte. Wir Kinder hatten stets Redeverbot, wenn Fremde da waren. Meine Kompetenz lag ganz woanders, nämlich in der Beobachtung von Dingen und Sachverhalten. Ich dachte viel über die verschiedenen Verhandlungssituationen nach. Ich wollte unbedingt begreifen, was dahintersteckte.

Das Fragezeichen entwickelte sich in meinem späteren Leben zu meinem Lieblingszeichen. Was motiviert eine Sache? Was steckt genau hinter einem Sachverhalt? Im weiteren Verlauf dieses Buches werden wir noch verstärkt auf das Fragen eingehen.

Was also hatte ich im Kuhstall gelernt? Zum Beispiel war mir aufgefallen, dass eine Verhandlung erst dann beendet ist, wenn beide Verhandlungspartner nicht mehr miteinander reden. Eheleute können sich Teller und Tassen an den Kopf werfen, aber wehe, sie sprechen nicht mehr miteinander. Stille ist für viele unerträglich. Deshalb ist es auch ein Machtinstrument für denjenigen, der weiß, wann es besser ist, einfach zu schweigen. Lassen Sie mich noch einen Schritt weiter gehen.

Ein erfolgreicher Deal ist erst dann abgeschlossen, wenn das Geld auf dem Konto unwiderruflich gutgeschrieben worden ist. Der Kernpunkt der Aussage ist hier: unwiderruflich. Denken Sie dabei bitte auch an gesetzliche Ansprüche, die zu einer späteren Kaufpreisminderung oder zu Schadenersatz führen können. Dies gilt besonders für Garantie und Kulanz. Zu viele haben schon Umsatz und Gewinn gleichgesetzt und die Kosten vergessen!

Wo wir schon einmal bei den Tücken des Umgangs mit Geld sind: Ein weiterer, häufiger Fehler ist die Sammlung von Rechnungen. Meine Devise war stets, eine Rechnung sofort zu zahlen. Es ist für mich ein Akt der Befreiung. Nicht, dass es mir um Skontoerträge geht. Nein. Erstens ist die Rechnung dann aus dem Kopf, weil sie bereits in der Buchhaltung verbucht ist. Wer Rechnungen aufschiebt, riskiert nicht selten, eine Erinnerung oder eine Mahnung der ersten Rechnung inklusive Verzugsgebühren zu erhalten. Zweitens führt ein pünktliches Bezahlen zu einem aktuellen Überblick der anstehenden Ausgaben.

Glauben Sie mir, wenn Sie sofort zahlen, wird sich Ihre Bonität erheblich verbessern. Ihre Lieferanten bemerken es sofort. Sollten Zahlungen an die Bank anstehen und Sie die Summe nicht haben, dann rufen Sie an und teilen mit, dass sich die Zahlung um zehn Tage verspätet. Denken Sie schon heute an morgen! Vor allem dann, wenn es wirklich mal eng wird.

Und noch mehr habe ich bei den Kuhhandeln auf dem Hof meines Vaters gelernt: Auch wenn Verhandlungen hart geführt werden, sollten sich die Kontrahenten immer wieder zu neuen Gesprächen treffen können. Mein Freund und Studienkollege Thorsten sagte stets: „Wenn Du eine Frau erobern willst, dann musst Du freundlich zu ihr sein." Als ich seine These zum ersten Mal hörte, habe ich laut lachen müssen. Aber im Nachgang hat sich diese Aussage als wahrer Hammer erwiesen.

Sei hart in der Sache, aber bleibe freundlich zu Deinem Mitmenschen, das ist der Kern dieses Satzes. Es ist schon verwunderlich, mit welchem Verhalten beispielsweise einige (nicht alle) Kunden auf einen Verkäufer treffen. Salopp gesagt, sind diese Leute einfach nur unfreundlich, frech und arrogant, erwarten aber im Umkehrschluss Zugeständnisse. Wie soll das gehen? Das frage ich mich immer wieder.

2 Geld und Wissen

Unsere Ressourcen

Jeder von uns hat lediglich eine begrenzte Zeit hier auf Erden. Wir können daher auch nur einen begrenzten Weg gehen. Dennoch will jeder von uns so weit wie möglich kommen. Daher ist es sehr sinnvoll, unsere Wege gut zu durchdenken.

Erfolgreiche Menschen zeigen oftmals ein planvolles Handeln. Erfolg hat nicht selten mit guten und somit richtigen Entscheidungen zu tun. Wenn wir genauer hinschauen, spielt der Umgang mit Geld in unserem wirtschaftlichen Denken eine zentrale Rolle. Im Privaten wie im Geschäftlichen – stets geht es darum, einen guten Preis zu zahlen oder einen guten Preis zu erhalten.

Aber wer hat uns den gekonnten Umgang mit Geld gezeigt? Die Eltern? Wenn man Glück hatte, ja. Doch häufig ist das nicht. Die Schule? Die Ausbildung oder die Universität? Mir ist bisher kein Ausbildungsort begegnet, der uns ein solches Wissen mehr als rudimentär oder theoretisch vermittelt. Die meisten schlagen sich durch, so gut es geht.

Es liegt also nahe, zunächst die Strategien erfolgreichen Handelns kennenzulernen. Ob es sich dabei um einen Vertrag, einen Verkauf oder ein Geschäft handelt, ist von sekundärer Bedeutung. Stets geht es um das erfolgreiche Geschäft. Sie werden in diesem Buch zahlreiche Strategien und raffinierte Schachzüge kennenlernen, die Ihnen zu mehr Stärke und Erfolg verhelfen. Lassen Sie sich zeigen, wie andere erfolgreich wurden. Wir werden diesen Weg gemeinsam zurücklegen. Sie werden später feststellen, dass Sie auf Ihrem weiteren Weg nur wenig Konkurrenz haben werden.

2.1 Die richtige Einstellung zum Geld

Geld ist, vereinfacht gesagt, ein Zahlungsmittel. Es hat zwar noch andere wichtige Funktionen, aber die wollen wir hier beiseitelassen. Primär geht es uns im Alltag darum, so lange wie möglich mit dem uns zugewiesenen Geld auszukommen. Unsere Gesellschaft hat uns so geformt, dass wir stets unsere persönliche Nachfrage befriedigen wollen. Und hier beginnt in der Regel das Problem.

Es geht um den Umgang mit dem Mammon. Mehr Geld löst selten ein Problem, es verstärkt oft das Ausgabeverhalten oder die Kaufgewohnheiten. Es gibt Mitmenschen, die es nicht ertragen können, wenn sich etwas Geld anhäuft. Das Geld muss raus. Beispielsweise erwerben diese Strategen innerhalb von wenigen Jahren eine Vielzahl von unterschiedlichen Gebrauchtwagen, von denen jeder einzige auch noch finanziert wurde. Steigt das Einkommen, steigt oftmals auch die Ausgabenseite.

Etwas auf die Seite zu legen, ist für viele sehr schwer. Früher wurde immer etwas „auf die hohe Kante" gelegt. Heute wird aggressiv darum geworben, alles sofort zu konsumieren. In der jetzigen Zeit Schulden zu machen oder zu haben ist jedoch ein sehr gefährlicher Umstand. Deshalb meine eindringliche Bitte: Lassen Sie die Hände von Konsumkrediten! Überlegen Sie es sich gut, denn eine derartige Verpflichtung kann Ihre Handlungsfähigkeit empfindlich beeinträchtigen. Denken Sie auch allein an den Stress, der von fehlendem Geld ausgehen kann. Auch wenn Sie es verdrängen, Ihr Unterbewusstsein weiß es genau, dass Sie Schulden haben.

Ein kleines Beispiel aus meiner eigenen Geschäftswelt: Als Angestellter kannte ich das Gefühl, auf eine nächste Zahlung, beispielweise den Arbeitslohn, zu warten. Der Monat geht dann irgendwie nicht vorbei. Es zieht sich. Jahre später musste ich selbst als Unternehmer Löhne und Betriebskosten erwirtschaften und bezahlen. Die Anzahl der

Tage war noch immer die gleiche. In der persönlichen Wahrnehmung verging der Monat aber jetzt wie im Flug. Ich konnte es kaum glauben, dass der Monat schon wieder vorbei war. So ändert sich die Sichtweise und Wahrnehmung. Kommen wir zu einem weiteren wichtigen Punkt, der Fähigkeit, einer Versuchung widerstehen zu können.

Der Marshmallow-Test[1] gehört zu den berühmtesten Experimenten der Psychologie. Der Wissenschaftler Walter Mischel bot vierjährigen Kindern Süßigkeiten an. Er stellte sie vor folgende Wahl: 1) Sofortverzehr oder 2) späterer Verzehr mit der Konsequenz, dann die doppelte Menge an Süßigkeiten zu erhalten. Es ging im Wesentlichem darum, festzustellen, ob die Kinder der Versuchung widerstehen konnten.

Einigen Kindern gelang der Belohnungsaufschub, anderen hingegen nicht. Mischels Test zeigt die Bedeutung der Impulskontrolle und des Aufschieben-Könnens von Selbstbelohnungen. Es ging also darum, kurzfristig auf etwas Verlockendes für die Erreichung langfristiger Ziele zu verzichten. Die Ergebnisse der Experimente sollen die Fähigkeit eines Menschen recht gut charakterisieren. Den Zusammenhang mit der späteren Lebensleistung ließ sich statistisch ableiten. Die Meinungen zu diesem Experiment sind allerdings sehr kontrovers. Doch wer jedem Bedürfnis sofort nachkommt, handelt nicht wirtschaftlich sinnvoll, soviel steht fest. Dazu muss man keine Studien kennen, es reicht ein Blick auf das Verhalten erfolgreicher Unternehmer.

Junge Leute werden angehalten, etwas für ihre Rente zu tun. Ein ordentlicher Schulabschluss (Abitur) sei Garant für eine gute Ausbildung oder erfolgreiches Berufsleben, so heißt es. Vielleicht ist ja auch ein Studium drin. Dies waren, vereinfacht gesagt, die gut gemeinten Ratschläge, die ich zu hören bekam.

Wenn ich mir die heutigen Schüler anschaue, stelle ich Folgendes fest: Das Alter, in dem junge Menschen heute mit dem Berufsleben

---

1 Stangl, W (2020) Stichwort: "Marshmallow-Test". Online-Lexikon für Psychologie und Pädagogik. https://lexikon.stangl.eu/3697/marshmallow-test/ (2020-07-25)

beginnen, ist wesentlich höher als noch vor 40 Jahren. Beispielsweise war ich vierzehn Jahre alt, als ich meine Ausbildung begann. Mit siebzehn war ich bereits Geselle. Und mit zweiundzwanzig hatte ich meine erste Meisterprüfung bestanden. Und wie alt sind die heutigen Aspiranten?

Ein alter Handwerksmeister verriet mir auf einer Innungsfeier Folgendes. „Die Suche nach guten Lehrlingen ist schwer und gewissermaßen gehemmt." Seiner Meinung nach sind die heutigen Schüler für einen Ausbildungsberuf im Handwerk einfach zu reif. „Sie kennen bereits die Liebe, den Sex, den Alkohol und das Nikotin." All diese Erfahrungen fließen unweigerlich auf den Ausbildungsprozess ein.

In jungen Jahren sollte, so die allgemeine Meinung, die Basis fürs Alter gelegt werden. Später über einen großen Betrag aus einer Lebensversicherung zu verfügen, galt als wichtig. „Sie wollen doch im Rentenalter Ihren aktuellen Lebensstandard weiterführen, oder?" Vorsorge und Sparen waren wichtige Eckpfeiler für unsere Großeltern und Eltern. Man denke an die Eltern, die auf vieles verzichteten, damit der Nachwuchs es besser haben sollte als sie. Zudem steuerten Großeltern auch gern etwas bei.

Die aktuellen Rahmenbedingungen für das Sparen haben sich wesentlich verschlechtert. Es scheint so zu sein, dass es lieber gesehen wird, wenn fleißig Geld ausgegeben wird. Heute kann ich Folgendes sagen. Keine Frage, es ist wichtig für später vorzusorgen. Jeder muss für sich selbst entscheiden, in welcher Form er es tun will. Zu bedenken gebe ich aber: In jungen Jahren braucht man viel Geld, sehr viel Geld. Im Alter braucht man viel weniger. Die Familie ist aus dem Haus, die Wohnung ist eingerichtet, das Auto lange bezahlt. Wohlgemerkt, es geht hier um die normalen Kosten beziehungsweise Ausgaben. Exorbitant hohe Kosten für Pflege oder Gesundheit sind dabei nicht eingeschlossen. Solche und weitere Wechselfälle des Lebens zu planen, ist sicherlich ein spannendes Thema, würde jedoch den Rahmen dieses

Buches sprengen. Ich möchte nur noch anmerken, dass uns in naher Zukunft wahrscheinlich noch viel schlimmere Dinge ereilen können als erhöhte Krankheitskosten im Alter.

Kommen wir zurück zur Ausbildung. Ausbildungen haben eine recht kurze Halbwertzeit. Angesichts der ständigen Weiterentwicklung in den unterschiedlichen Bereichen ist auf lebenslanges Lernen essenziell. Eine klassische Ausbildung reicht heutzutage nicht mehr aus. Auch wenn Bildung viel Geld kostet: Denken Sie bitte daran, dass Sie mit Dummheit erst recht nicht weit kommen!

Für das erfolgreiche Verhandeln stellt sich eine grundlegende Frage: Gibt es eine Relation zwischen Wissen und Können?

Schauen wir zuerst auf die Wissenschaft. In der Publikation: „Kompetenzermittlung für die Berufsausbildung[2]" wurde diese Frage behandelt: Führt vermitteltes Wissen aus Hochschulen und Universitäten final zu kompetentem Handeln? Was mich persönlich an dem Buch überrascht hat, war die Formulierung „träges Wissen". Darunter versteht man das Wissen, das in der Praxis nicht angewendet wird.

Um die Frage zu beantworten: Es besteht natürlich eine Beziehung zwischen Wissen und Können, die aber nicht ganz unkompliziert erscheint. Allerdings interessiert uns eher die praktische Umsetzung, oder besser gesagt: die Lösung von Problemen. Darum geht es beim erfolgreichen Verhandeln. Die kontroverse Diskussion in dem erwähnten Buch lädt trotzdem zum Lesen ein. Mein Ziel für dieses Buch ist, Ihr praktisches Können und nicht Ihr träges Wissen zu vermehren.

2.2 Wissen versus Können (Jung versus Alt)

Wenn die Jungend wüsste und das Alter könnte, ist eine sehr weise Redewendung mit gewaltiger Sprengkraft. Wieder haben wir es mit

---

2   Dieter Münk, Andreas Schelten (Hrsg.): Kompetenzermittlung für die Berufsausbildung, BIBB, 8 AGBFN, München 2010, S. 238, 239.

Wissen und Können zu tun. Nur zu gerne würden die Alten, und ich gehöre auch bereits zu ihnen, handeln, wenn sie nur könnten. Oder anders gesagt, wenn man sie bitten würde. Was in unserer Gesellschaft diesbezüglich an Potenzial vergeudet wird, ist enorm. Mit fünfzig bist du zu alt. Alte Säcke bringen es nicht mehr. Ein Club der „alten Säcke" hat in Österreich ein Einstiegsalter von vierzig Jahren. Wenn man der Literatur Glauben schenken darf, dann galt ein Mann mit fünfzig vor vier Jahrzenten noch als jemand „in seinen besten Jahren". In diesem Alter hatte man schon viel gesehen. Vor allen Dingen hatte man jede Menge praktische Erfahrung. Des Weiteren scheint die Einschätzung der persönlichen Leistungsfähigkeit tendenziell mit dem Lebensalter einherzugehen. Man stelle sich vor, da beenden Profifußballer ihre aktive Karriere bereits mit 29 Jahren. Ob dies auch für die Wirtschaft und den Mittelstand gelten sollte, ist mehr als fraglich.

Einen kleinen Lichtblick gibt es aber dennoch. Wenn ich auf meine technischen und betriebswirtschaftlichen Ausbildungen zurückblicke, kann ich Ihnen sagen, dass circa zehn Prozent des Lehrstoffes tatsächlich in der Praxis angewandt werden konnte. Selbst in der Zeit meines Hochschulstudiums wurde mir sehr schnell klar, mit welchen Tools ich wirklich weiterkommen würde. Mein Bachelor- und Masterstudium absolvierte ich nebenberuflich. Über Tag hatte ich es mit Geschäftskunden von DHL zu tun. In den Abendstunden und am Wochenende befasste ich mich mit den Theorien der Fachhochschule für den Mittelstand.

Wenn ich von zehn Prozent spreche, dann denke ich an praktische Erfahrung und nicht an wirtschaftswissenschaftliche Modellen. Besonders gefielen mir daher jene Dozenten, die aus ihrer breiten und tiefen Praxis berichteten. Bei ihnen fühlte ich mich zu Hause. Meine eigene Erfahrung deckte sich oftmals mit den spannenden Berichten aus anderen großen Firmen. Praktische Dinge interessierten mich am meisten.

Nach meiner Erfahrung kommt es für heutige Schüler und Suchende besonders auf die Fertigkeit an, neben der Teamfähigkeit gut kommunizieren zu können. Wenn Sie langfristig erfolgreich sein wollen, müssen Sie in der Lage sein, sich permanent in einem feststehenden System zurechtzufinden, mit anderen Menschen klarzukommen, ob Sie Lust haben oder nicht.

Im Grunde geht es immer ums Verkaufen/Verhandeln. Ob als junger Mann, der eine Partnerin sucht, oder beim Bewerbungsgespräch, um eine neue Arbeitsstelle zu finden. Stets geht es darum, sich selbst in ein gutes Licht zu rücken und ein gutes Ergebnis zu erreichen. Welchen Stellenwert der Verkauf und der Verkäufer in der Wirtschaft hat, erörtere ich in Kap. 3.1. (Kauf und Verkauf als Teil unseres Alltags).

2.3 Die alte Wahrheit, wer schreibt, der bleibt

Es gibt meiner Erfahrung nach sechs gute Gründe, warum es sich stets lohnt, Sachverhalte schriftlich festzuhalten. Diese Strategie wird Ihnen helfen, in allen zukünftigen Verhandlungen wichtige Details, Zahlen und bereits Besprochenes „auf dem Schirm" zu haben:

1. Schriftliche Aufzeichnungen sind Ihre besten Gedächtnisstützen.
2. Schriftlich fixierte Aufzeichnungen entlasten Ihren Kopf.
   Damit schaffen Sie Platz für neue Gedanken.
3. Das Aufschreiben negativer Gedanken neutralisiert oftmals ihre Macht über Sie.
4. Durch die Niederschrift bekommen die Gedanken und Ideen eine neue Verbindlichkeit.
5. Durch den Prozess des Schreibens werden Ihre Gedanken klarer.
6. Ein Protokoll verringert Fehler und minimiert lästige Doppelarbeit.

Mündliche Verhandlungen, die keine schriftliche Zusammenfassung haben, sind oft wenig zielführend. Übertrieben gesagt, kann man sagen, dass diese Art von Gesprächen wie Schall und Rauch sind.

Empfehlungen

- Jedes Gespräch hat es verdient, schriftlich fixiert zu werden. Bedenken Sie immer, dass Gespräche, welche Sie führen, heute zwar als zwanglos erscheinen, aber in der Zukunft viel leicht wichtig sein können. Erzählen Sie also kein dummes Zeug, auch wenn es aktuell witzig erscheint. Dieses „dumme Zeug" kann wie ein Bumerang auf Sie zurückkommen. Auch wenn Sie denken, dass Ihr Gegenüber nicht der hellste Kopf ist. Schweigen Sie lieber und respektieren Sie sein Verhalten.

- Bestätigen Sie bitte sofort. Später fällt es Ihnen oft sehr schwer, einzelne Sachverhalte oder mögliche Absprachen zu bestätigen. Absprachen sollten Sie sofort schriftlich bestätigen. Signifikant ist hier das Wort: „sofort", also zeitnah nach einer Verhandlung, einem Kundenbesuch oder einem Mitarbeitergespräch. Tage später können Ungereimtheiten entstehen und bei der Vielzahl von Gesprächen kommt es oftmals zu Irritationen, was schlecht für alle Beteiligten sein kann.

3 Bausteine des erfolgreichen Verhandelns

3.1 Kauf und Verkauf als Teil unseres Alltags

Das Berufsziel vieler Beschäftigter ist nicht der Vertrieb, sondern das Marketing. Die Tätigkeit als Verkäufer wird als unattraktiv empfunden. Der Verkäuferberuf wird belächelt und mit negativen Vorstellungen und Annahmen verknüpft. Berufe wie Versicherungsvertreter, Staubsaugerverkäufer werden mit Aufdringlichkeit in Verbindung gebracht und Titulierungen reichen von „Klinkenputzer" bis hin zu „Drückerkolonnen", die unnötig an der Haustür schellen und stören.

Der Begriff „Verkäufer" weckt selten positive Assoziationen. Keiner will gern ein Verkäufer sein, niemand nutzt dieses Wort als Berufsbezeichnung. Allerdings verlangt die gesamte Volkswirtschaft nach einem positiven Verkauf. Wirtschaftliche Kennzahlen basieren auf dem Verkaufserfolg. Elegant formuliert wird dann aber über den Absatz gesprochen.

Zahlen beflügeln die Börse. Alles basiert auf der Tatsache, dass sich etwas entwickelt und verkauft wird. Sämtliche Arbeitsplätze einer Unternehmung werden durch den Abverkauf von Produkten und Dienstleistungen finanziert. Dies gilt gleichermaßen für den Bürostuhl in der Verwaltung wie für die Gehälter von Lehrlingen und leitenden Angestellten. Wenn nichts verkauft wird, dann stockt alles. Eine Vielzahl von Insolvenzen im Veranstaltungssektor nach den Lockdowns im Jahr 2020 und 2021 ist aktueller denn je.

Verkauf versus Kundendienst
Solange ich denken kann, gibt es seltsame Annahmen und Vorbehalte über den Verkauf (Handel). Beispielhaft dafür war etwa das Verhältnis zwischen der Verkaufsabteilung eines Autohauses und seiner Kunden-

dienstabteilung. Die Mitarbeiter verhielten sich wie Katz und Maus. Jeder dachte vom anderen, dass es auch ohne ihnen ging. Entsprechend schlecht sprachen die Abteilungen übereinander: „Typisch für den Verkauf" oder diese „Sesselhocker". Eine förderliche Kommunikation fehlte. Dementsprechend kontraproduktiv waren die abwertenden Meinungen und Einschätzungen.

Besonders schlimm wird es, wenn Kunden in diese Diskrepanzen zwischen den Abteilungen hineingezogen werden. Kunden spüren so etwas sofort. Sie verfügen über feinste Antennen, die sorgsam Stimmungen messen und filtern. Im Entscheidungsprozess der Kunden wird grundsätzlich überlegt, ob eine Zusammenarbeit überhaupt erstrebenswert ist.

Schließlich ist alles easy, solange es läuft. Aber wehe, es kommt zu Beanstandungen, wie etwa Reklamation der Werkstattleistung, ein Garantiebegehren oder ein Kulanzfall. Glauben Sie mir, erst jetzt werden die Gepflogenheiten Ihres Geschäftspartners deutlich. „Vertrieb" kann man in diesem Zusammenhang daher durchaus auf „vertreiben" reduzieren. Denn genau dies tun viele Mitarbeiter. Sie vertreiben die Kunden durch ihr Verhalten.

Im späteren Verlauf dieses Buches kommen wir noch dazu, wie wichtig es ist, an Folgegeschäfte zu denken. Besonders dann, wenn sich Ihr Kunde bereits im Dialog mit Ihnen befindet. Diese komfortable Ausgangslage sollte aber zuerst mit einer primären Problemlösung beginnen. Das schafft Vertrauen. Sie werden dieses Vertrauen noch benötigen, wenn es zu weiteren Preisverhandlungen kommt.

Eine klassische Frage ist immer: Wollte mir die Gegenseite eigentlich helfen? Wurde aktiv auf die Lösung des Problems hingearbeitet? Hatten Sie den Eindruck, dass man Sie mit Datenabgleich, Datenschutz und internen Betriebsabläufen gern wieder loswerden wollte? Es gibt Verkaufsmitarbeitende, die denken, dass der Verkauf abgeschlossen ist, wenn der Handel über den Tisch gegangen ist. Eine Kundenbeziehung festigt sich aber erst dann, wenn positiv daran gearbeitet wird. Nach dem ersten Kauf ist vor dem nächsten Kauf. Kunden sind so glücklich, wenn sie einen Vertrieb finden, der dies beherzigt!

Wer verhandelt denn eigentlich?"

Nun, diese Frage ist sehr wichtig. Dadurch wird deutlich, welchen Stellenwert sie hat. Wenn wir uns Verhandlungspartner vorstellen, denken wir in der Regel zunächst an Menschen in gehobenen Positionen.

Aber verhandeln wirklich nur Chefs, Manager, Makler oder Politiker?

Ein klares Nein. Wir alle tun es täglich. Zum Beispiel in vielen Gesprächen, in denen wir andere – oder andere uns – von etwas überzeugen beziehungsweise in ihrem Verhalten beeinflussen wollen. In diesen Momenten wird Macht ausgeübt, um zu versuchen den anderen in irgendeiner Art zu manipulieren. Wir alle verhandeln.

Wer verhandelt, übt häufig Macht aus. Jegliche Form von Kommunikation kann eine Verhandlung sein. Das Problem: Wir lernen vieles im Leben, das Verhandeln lernen wir aber nicht.

Wie lernt man, gut zu verhandeln?

Schon Konfuzius [1] wusste, wie man als Verhandlungspartner weiterkommt. Er nannte drei Wege, auf denen man sich das bis dahin nicht Gelernte aneignen kann:

1. Durch Erfahrung, das ist die bitterste Art.
2. Durch Nachdenken, das ist die edelste Art.
3. Durch Nachahmung, das ist die leichteste Art.

Da wir nun wissen, dass Nachahmung die leichteste Art ist, müssen wir nichts Neues erfinden. Aber was sind denn nun die signifikanten

---

[1] Konfuzius: chinesischer Philosoph zur Zeit der Östlichen Zhou-Dynastie, er lebte vermutlich von 551 v. Chr. bis 479 v. Chr.

Bereiche des täglichen Verhandelns? Mögliche Bereiche sind:

- Autokauf
- Ehevertrag
- Kreditaufnahme
- Verkaufsgespräch
- Mietverhältnis
- Mitarbeitergespräch
- Kauf einer Immobilie
- Erbschaft und Nachlass

Die nächste Frage, die sich anschließt, ist:

Wie werde ich denn, wenn ich es noch nicht bin, zu einem genialen Verhandlungskünstler?

Verhandlungskunst kann eine natürliche Eigenschaft sein. Oftmals muss sie allerdings langfristig erlernt werden. Aber wie? Dafür gibt es gewisse Regeln, die ich Ihnen im Folgenden vorstellen möchte:

3.2 Schritt für Schritt zum finanziellen Erfolg

Fangen Sie mit kleinen, sehr kleinen Schritten an. Überlegen Sie, ob Sie überhaupt in der Lage sind, nach einem Gefallen zu fragen. Wenn Sie sich grundsätzlich nicht trauen, eine Bitte zu äußern, dann sollten Sie sich überlegen, ob der Verkauf der richtige Beruf für Sie ist. Natürliche Angst lässt sich aber durch ständige Übung sehr wohl verringern.

Einige kleine Übungsbeispiele für Ihren Start:

- Fragen Sie nach Skonto bei Barzahlung.
- Fragen Sie nach einer kostenlosen Zugabe.
- Fragen Sie nach Mengenrabatt bei größeren Abnahmen.
- Stellen Sie die Frage: Was lässt sich mit dem Preis noch „machen"?

Wenn allerdings auf die letzte Frage der Verkäufer antwortet „wir können gerne das Preisschild entfernen", versteht er entweder nicht, was Sie meinen oder ihm ist ein Kunde weniger nicht so wichtig. Lassen Sie sich von solchen Spielchen nicht irritieren und versuchen Sie weiter Ihr Glück!

Verhandlungskunst lässt sich recht einfach im Alltag üben – in kleinen Schritten und ganz sicher mit immer größerer Wirkung! Vorausgesetzt, Sie üben regelmäßig. Dabei sind gerade diese kleineren Übungen von großer Bedeutung, weil sie sehr erfolgsversprechend sind. Machen Sie es also am besten zu Ihrer neuen Gewohnheit, bei jeder sich bietenden Gelegenheit zu verhandeln. Aber bitte freundlich, mit Ihrem symphytischen Geht-noch-was-runter-Blick: „Ja, das Preisschild".

Vier Grundsätze für ihre ersten Verhandlungen

1) Führen Sie Ihre ersten kleinen Verhandlungen allein durch.
2) Nehmen Sie niemanden mit, dem Ihr Handeln unangenehm sein könnte.
3) Schauen Sie anderen Verhandlungskünstlern zu – lernen Sie von den Profis.
4) Seien Sie immer freundlich zu Ihrem Verhandlungspartner; sein Wohlwollen hat erheblichen Einfluss auf den Ausgang der Verhandlung.

Gewisse Regeln sind bedeutsam für Ihren Erfolg als Verhandlungskünstler, auch wenn es nur um kleinere Verhandlungen geht. So sollten Sie beispielsweise nicht in Anwesenheit eines Bekannten verhandeln, dem etwa Ihr Bemühen um einen Rabatt peinlich ist. Außerdem spielen Verhaltensweisen wie Freundlichkeit eine große Rolle. Das erkennen Sie zum Beispiel auch, wenn Sie andere Verhandlungskünstler gezielt beobachten.

Von Vorbildern lernen?

Am einfachsten habe ich stets von anderen erfolgreichen Menschen gelernt. Einfach gesagt, wir werden das Rad nicht neu erfinden müssen. Nein, wir kopieren einfach eine bereits erfolgreiche „Koryphäe". Am besten lernt man in der Situation oder im Umgang mit Menschen, die selbst erfolgreiche Verhandlungskünstler sind. Menschen, die etwas bewirken, das auch wir erreichen wollen. Menschen, die bereits erfolgreich sind und die Klaviatur des Erfolges kennen. Wer von Koryphäen lernt, hat beste Chancen, selbst eine zu werden. Schließlich ehrt die Kopie das Original.

Und wie finde ich eine Koryphäe?

Das Bild einer Koryphäe zeigt sich wie folgt:

- Sie hat wenig Zeit.
- Sie lehnt in der Regel neue Aufträge ab.
- Sie wird von Mitbewerbern aktiv abgeworben.
- Sie bekommt immer neue Aufgaben angeboten.
- Diese Person hat besonders viele Aufgaben zu bewältigen.

Einige Fragen an Sie: Wenn Ihr Kind krank ist, wünschen Sie sich nicht auch den besten Arzt? Ist Ihr Begehren nur beim besten Anwalt der Zunft durchzusetzen? Wenn Sie Steuern sparen wollen, wünschen Sie dann nicht auch den besten Steuerberater?

Aber was macht den besten Steuerberater aus?

Wie erkennen Sie also eine Koryphäe? Eigentlich müssten Sie dazu konkret seine Leistungen, seine Erfahrungen, sein Angebot untersuchen. Dafür haben Sie allerdings nicht immer Zeit. Vielfach erkennen Sie es an seiner beruflichen Auslastung oder seinem renommierten Ruf.

Empfehlung: Schärfen Sie Ihre Verhandlungskünste durch regelmäßiges Üben und durch die Orientierung an nachweislich erfolgreichen Verhandlungskünstlern.

3.3 Wodurch zeichnet sich ein guter Handel aus?

Schauen wir uns doch beispielsweise ein praktisches Beispiel aus den Fahrradhandel an, wie ein guter Handel ablaufen kann.

1. Ein Vater will das erste Rad für seinen Sohn kaufen.
2. Der Vater ist bereit, 300 € zu investieren und schaut sich entsprechende Räder an.
3. Der Verkäufer rät dem Kunden zu einem gebrauchten Rad.
4. Seine Begründung: Lernt das Kind Rad fahren, lohnt sich ein neues Rad wegen möglicher Stürze nicht, ein gebrauchtes Rad für circa 150 € ist besser geeignet.
5. Der Vater geht auf das Angebot ein.

Was ist hier geschehen? Eigentlich wollte der Vater ein neues Fahrrad kaufen. Mit dem Verkauf eines solchen Rades hätte der Verkäufer ein gutes Geschäft gemacht. Aber – er entscheidet sich, den Kunden auf einen neuen Denkansatz hinzuweisen. Das Ergebnis: Der Kunde ist dankbar.

Was hat der Verkäufer erreicht?
1. Er hat einen neuen Kunden gewonnen.
2. Er hat den Gebrauchtlagerbestand an Rädern reduziert.

Obgleich der Verkauf eines neuen Rades auf den ersten Blick aus Verkaufssicht als sinnvoller erscheint, hat der Verkäufer ein viel besseres Ergebnis erzielt. Denn: Er hat zum einen den Bestand an Gebrauchträdern reduziert, zum zweiten – und das ist viel wichtiger – einen Kunden gewonnen, der ihm vertraut. Das ist die beste Basis für eine dauerhafte künftige Zusammenarbeit. Der Verkäufer kann davon ausgehen, dass er mit einem gebrauchten Rad den Grundstein gelegt hat für den Verkauf weiterer Räder.

Auch wenn die heutige Wechselbereitschaft oder die fehlende Kundenloyalität dieser These entgegensteht, empfehle ich diese Strategie dennoch sehr. Auch wenn man sie im Verkauf recht spärlich antrifft. Passiert es trotzdem, ist man froh, einen solchen Verkäufer getroffen zu haben und hofft inständig, dass er auch künftig im Unternehmen Ansprechpartner für entsprechende Anliegen ist. Dies ist unter anderem auch ein Beispiel dafür, wie der Vertrieb wichtige Funktionen für die Kundenorientierung des gesamten Unternehmens erfüllen kann.

Was ist der praktische Nutzen des Verhandelns?

Sie werden am Ende dieses Buches in der Lage sein, die gewonnenen Erkenntnisse, in seine vorhandenen Verhandlungsgespräche, neu einfließen zu lassen. Folglich werden Sie bald in der Lage sein, ein verbessertes Verkaufsgespräch führen zu können. Mit diesem Know-how werden Sie mehr Geschäftsabschlüsse haben, wobei das einzelne Geschäft, profitabler sein wird. Des Weiteren ist von einer verbesserten Kundenbindung auszugehen.

Die verbesserte Kommunikation mit Ihren Kunden lässt wiederum Folgeaufträge erwarten. Ihr erworbenes Wissen aus den folgenden Lektionen können Sie durch praktische Wiederholung und ergänzenden Aufbau sukzessive ausbauen. Sie lernen die Grundsätze des erfolgreichen Verhandelns kennen. Durch die Schilderung von praktischen Erlebnissen können Sie sich oftmals wiedererkennen. So werden Sie das Know-how leichter umsetzen können.

Ein wesentlicher Punkt, in dem es in diesem Buch gehen wird, ist das Studium von **gefährlichen Momenten**. Hierbei geht es zunächst darum zu erkennen, was eigentlich die gefährlichen Momente in einem Verkaufsgespräch sind und wie wir ihnen elegant begegnen können.

Ein weiterer wichtiger Punkt ist der **Verhandlungsspielraum**. Hierbei geht es um den ökonomischen Umgang mit Rabatten. Wie gehe ich mit vorgegebenen Spielräumen (Preisnachlässe) um? Wann nutzte ich ihn? Was sind effektive Schritte und gute Gegenmaßnahmen? In diesem Zusammenhang wird auch das Thema: „Der erfolgreiche Abschluss" behandelt. Ich zeige Ihnen, was konkret in den einzelnen Verhandlungssituationen zu tun ist, damit ein gutes Geschäft auch abgeschlossen wird.

Die Reflektion sowie Identifikation mit den jeweiligen Fallbeispielen wird Ihnen dabei helfen, ein neues, nachhaltige Bewusstsein zu erlangen. So werden Sie in die Lage versetzt, erlebte Verkaufs- und Verhandlungsgespräche im Nachhinein besser verstehen und einschätzen zu können.

Welches Verhalten bringt nun den größten Nutzen?
Der frühere Ministerpräsident von Bayern, Edmund Steuber, erklärte einst in einem Interview das wunderbare Kommunikationsgeschick von Angela Merkel. Sie glauben nicht, so erklärte er im Fernsehen, wie nett diese Frau bei Verhandlungen sein kann. Gut vorbereitet, zuvorkommend und hilfsbereit. Nun, ich kann hier nicht beurteilen, wie sich die Kanzlerin in Verhandlungen wirklich verhält. Doch ist die Aussage bezeichnend, denn diese Freundlichkeit während der Verhandlung charakterisiert das Vorgehen vieler erfolgreicher Verhandler. Dazu möchte ich noch ein Zitat des Jesuiten Claudio Acquiviva (1543–1615) anführen, der den folgenden Grundsatz vertrat:

„Energisch in der Sache, sanft in der Vorgehensweise!"

„Fortiter in re, suaviter in modo."

Irgendwie habe ich das Gefühl, dass sich diese beiden Vorgehensweisen ähneln und großen Erfolg versprechen. Es sind die stillen und entschlossenen Haltungen, die oft erfolgreicher sind als so manches „härtere Durchgreifen".

3.4 Förderliches versus hinderliches Verhalten

Eine Kommunikation ist hinderlich, wenn sie unangenehme Gefühle des Gegenübers hervorruft. Vielleicht ist sie …

- zu laut
- zu leise
- zu schnell
- zu langsam
- zu gutmütig
- zu motiviert
- zu nüchtern
- zu skeptisch
- zu freundlich
- zu aggressiv
- zu wenig Zeit
- zu sehr fordernd.

Es geht um die gefühlsmäßige Herbeiführung eines Gleichklangs. Wenn Sie beispielsweise eher laut daherkommen, wird Ihr Verhandlungspartner, der im eher ruhig und leise agiert, Sie als unsympathisch erleben. Dies trägt dann nicht zum erfolgreichen Verhandeln bei.

Aus meiner eigenen verkäuferischen Vergangenheit kann ich berichten, dass ich immer versucht habe, in meinen Verkaufsgesprächen einen Witz einzubauen. Oder nach einer Gelegenheit gesucht habe, die dazu führte, dass zusammen gelacht werden konnten. Auch wenn hierdurch nicht immer das Eis gebrochen wurde, war dieser Umstand immer besser, als wenn die Verhandlung trocken vor sich her dümpelte.

Männer und Frauen gehen nicht selten paarweise auf die Toilette. Warum auch immer. Ich kann Ihnen sagen, dass es von Vorteil ist, zusammen mit einem Mann am Urinal etwas Heiteres zu erörtern. Dieser Akt, der nicht sexuell zu verstehen ist, scheint die Menschen auf eine eigentümliche Art zusammenzuschweißen.

Aus dem klassischen neurolinguistischen Programmieren (NLP) wissen wir, dass es fast immer darum geht, sein persönliches Verhalten an sein Gegenüber anzupassen. Durch diese gezielte Spiegelung (verbal und nonverbal) wird versucht, einen Bezug herzustellen. Dieser Bezug führt zu einem besseren Verständnis – eine förderliche und gute Ausgangslage für den Fortgang und die Ziele einer Verhandlung.

Dumm scheint schlau und schlau scheint dumm zu sein.

Sich offen einzugestehen, etwas nicht verstanden zu haben, macht in der Regel sympathisch. Beim Verhandeln bewirkt es noch viel mehr: Sie zeigen, dass Sie nicht auf **Wettkampf**, sondern auf **Zusammenarbeit** aus sind. Und genau damit erreichen Sie Ihr Ziel. Folgen Sie also niemals dem Drang, Ihrem Gegenüber direkt mitzuteilen, dass Sie kürzlich an einem Seminar über die „Kunst des Verhandelns" teilgenommen haben. Erwähnen Sie auch nicht, dass Sie das Buch: „Erfolgreich Verhandeln" von Norbert Wessels studiert haben. Ihr Verhandlungspartner wird dann sicher versuchen, Ihnen zu beweisen, dass er ein weitaus besserer Verhandlungskünstler ist …

Kommen wir zurück zur These: „Dumm ist schlau und schlau ist dumm". Der Vorteil der Dummheit liegt im Wesentlichen darin, dass sie sich selbst nicht erkennt. Dies erlaubt vielen eine sorgenfreie Wahrnehmung der Wirklichkeit. Der Vorteil der Schlauheit liegt darin, dass Sie sich in der Regel etwas dümmer anstellen können. Schlau sein ist gut – denn wer es ist, weiß genau, dass er sich im Verhandlungsprozess möglichst etwas dümmer stellen sollte.

Kommissar Columbo (zerknitterter Trenchcoat und Zigarre)

Wer kultiviert und gebildet auftritt, wirkt nicht, also bräuchte er Unterstützung. Im Gegenteil – er erzeugt unter Umständen sogar Rivalität. Der Umkehrschluss: Wenn man sich dümmer stellt, bekommt man Hilfe. Man denke nur an Kommissar Columbo, der gerade in den Momenten, in denen er sich leutselig und naiv gibt, in der Regel die hilfreichsten Hinweise – zum Teil sogar von den Verdächtigen – erhält.

Empfehlung:
Wetteifern Sie nicht mit Ihrem Gegenüber. Überlisten Sie ihn lieber!

Zwei Beratungen mit unterschiedlichem Charakter

Ein weiteres Beispiel aus der Finanzierungsberatung unterstreicht den Unterschied zwischen dumm und schlau. Es geht um die Verlängerung einer Finanzierung. Herr Dumm hat eine individuelle Art entwickelt, die zu besprechenden Themen in der Beratung mit Begrifflichkeiten aus der Finanzwelt zu untermauern. Hierdurch läuft er oft Gefahr, dass er teilweise nicht verstanden wird. Frau Schlau hingegen hat im Laufe ihrer Beraterjahre gelernt, die Sprache ihrer Kunden zu sprechen: einfach, klar und gut verständlich. Beginnen wollen wir mit Herrn Dumm, auch wenn in der Regel die Dame den Vortritt hat. Die Namen wurden hier nicht zufällig ausgewählt, wie Sie schnell sehen werden.

Herr Dumm: „Es scheint einige Ambiguitäten in Ihrem Vertragswerk zu geben. Neben der ratierlichen Zahlungsweise deuteten Sie auf die zeitnahe Prolongation hin. Sie sollten daher alle Bonitätsunterlagen, die fiskaltechnisch notwendig erscheinen, beibringen. Außerdem sprachen Sie von einem Forward-Darlehen."

Frau Schlau: „Sie sprachen von einigen Dingen, die im Vertrag stehen und die Sie so nicht verstehen. Was verstehen Sie denn nicht? Sie zahlen zurzeit eine monatliche Rate? Wie hoch ist die? Wie hoch sind Zins und Tilgung? Haben Sie Ihren alten Kreditvertrag zur Hand? Weiter sagten Sie am Telefon, dass die Zinsfestschreibung ausläuft und Sie daher ein neues Angebot benötigen. Für die Erstellung brauchen wir alle Unterlagen, die Ihr Einkommen nachweisen. Das sind im Einzelnen … Auch wenn Ihr derzeitiges Darlehen erst in einem Jahr ausläuft, sollten wir schon jetzt nach einer neuen, guten Lösung suchen. Im letzten Jahr haben das bereits 3.200 Kunden zusammen mit uns getan."

Der Ton macht die Musik. Was glauben Sie, welcher der beiden Kundenberater wurde wohl besser verstanden? Herr Dumm oder Frau Schlau? Oder anders gefragt, bei welchem Finanzierungsberatern fühlen sich Kunden gut aufgehoben? Hier spielt die persönliche Ausgangslage der zu beratenden Kunden sicherlich eine mitentscheidende Rolle. Aber gehen wir ruhig davon aus, dass es die Mehrzahl der Kunde lieben, wenn Berater ihre Sprache sprechen.

4 Einflussfaktoren in Verhandlungen

Im Laufe meines Selbststudiums habe ich ein Verkaufsmodell konzipiert, das die Thematik des erfolgreichen Verhandelns stark vereinfacht darstellt. Im Folgenden gehe ich auf die einzelnen Einflussfaktoren ein. Sie sind in Abbildung 1 zu sehen. Alle Sachverhalte bei Verhandlungen haben in der Regel einen Start und ein Ziel, wobei das Ergebnis, zum Beispiel die Verhandlungslösung, für beide Parteien gewinnbringend sein soll (Win^2/Win^3).

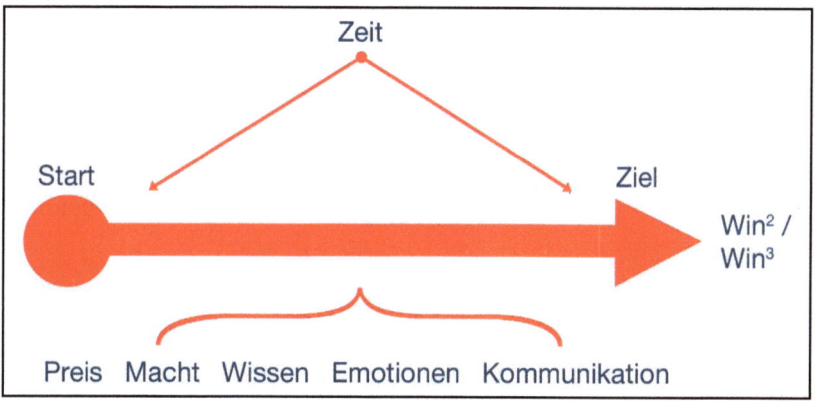

Abbildung 1: Zeitstrahl als Verhandlungsverlauf.   © Norbert Wessels

Einen Punkt möchte ich gleich zu Anfang klären. Dieses Modell habe ich als Zeitstrahl entwickelt. Auf dem Weg des Zeitstrahls kann aber viel passieren. Wenn ich von Zeitstrahl spreche, dann stellt sich mir folgende Frage: Was bitte schön, ist den eigentlich Verhandeln? Ist es ein Ereignis oder ein Prozess? Eine mögliche Antwort lautet: Verhandeln ist oftmals kein Ereignis, sondern ein sich verändernder Prozess. Der Betrachtungsunterschied liegt im Aspekt der Zeit. Pauschal lässt sich diese Frage also nicht so einfach beantworten. Die Profis unter uns wissen allerdings, dass sich Verhandlungssituationen in der Regel entwickeln. Plötzlich tauchen neue Details eines Auftrages auf und führen spontan zu einer unverhofften neuen Ausgangslage. Die dann eine grundsätzliche Neuausrichtung erfordert. Wenn Sie jetzt keine neue Strategie im Kopf haben, wird es eng für Ihren Auftrag. Um die Frage schlussendlich zu beantworten, gehe ich davon aus, dass Verhandlungen oft als Ereignis daherkommen und sich „leise weinend" in einem Prozess verwandeln.

Kommen wir jetzt wieder zur Praxis zurück. Besonderes Augenmerk bei meinem Modell sind beeinflussende Aspekte wie Zeit, Preis, Macht, Wissen, Emotion und Kommunikation.

4.1 Einflussfaktor Zeit

In einem Lied von Roland Kaiser heißt es: „Zeit, die immer nur nimmt und niemals gibt". Zeit ist aber für alle gleich. Es geht meiner Meinung nach aber mehr um ihre Nutzung. Und schon sind wir wieder beim Verhandeln.

Ein Hauptaspekt bleibt stets der Einflussfaktor „Zeit", der bestmöglich genutzt werden sollte. Zeit kann Ihr hilfreicher Freund oder aber ein furchtbarer Feind sein. Es kommt immer darauf an, ob Zeit Sie an terminliche Grenzen führt. Eine notwendige Verhandlung ist dann womöglich undenkbar. Bedenken Sie bitte, dass Sie jetzt über einen Sachverhalt entscheiden können und eine Sekunde später ist er bereits wieder Vergangenheit. Sie haben nur in diesem Moment Macht und Entscheidungsfreiheit und im nächsten Augenblick ist er bereits wieder Geschichte.

Erinnern Sie sich noch an das Grubenunglück im August 2010 in Chile? Es ging damals durch viele Medien. Mehr als 30 Bergmänner waren 700 Meter unter der Erde verschüttet und warteten auf ihre Rettung durch eine Bohrung. Zeit war auch hier ein wesentlicher Faktor mit dem Unterschied, dass es hier um Leben und Tod ging. Vier Experten von der NASA rieten den eingeschlossenen Bergleuten aus psychologischen Gründen zu Folgendem:

- Alltagsplanung
- Simulation von Tag und Nacht
- Einteilung des genutzten Raumes
- Kommunikation zum Stand der Rettungsarbeiten
- Mittagessen und anschließende Gruppendiskussion

Aber auf was sollte in der Kommunikation mit den verschütteten Bergleuten geachtet werden? Die Psychologen rieten Folgendes: Nennen Sie keinen festen Termin, bis wann die Bohrung erfolgreich abgeschlossen ist. Als Grund nannten sie die Tatsache aus der Raumfahrt: Die Astronauten wissen auch nicht, wann ihre Rückfahrt startet. Diesen Zeitpunkt kennen sie nicht. Ihn nicht zu kennen, macht mögliche Rückschläge deutlich erträglicher. Hoffentlich sitzen wir nie zusammen in einer solchen Grube!

Eine Vielzahl von aktuellen Angeboten wird heute zeitlich begrenzt. Denken Sie an Aussagen wie: Nur heute noch, nur bis Montag noch, nur noch diese Woche/diesen Monat und so weiter. Ziel ist stets, die zeitnahe Entscheidung der Anmeldung oder des Kaufes: eine indirekte Aufforderung zu einer Handlung.

Nur zu gut wissen heutige Marketingmanager, dass der aktuelle Zeitpunkt der günstigste Augenblick für eine Bestellung ist. Wurden doch alle Marketingmaßnahmen auf diesen Moment fokussiert. Wenn nicht jetzt, wann denn dann? Wir wollen den Aspekt der Zeit noch um ein weiteres Prinzip erweitern.

Das Phänomen 80/20

Vilfredo Pareto war ein italienischer Ingenieur. Sein Gebiet war die Wohlfahrtsökonomik, ein Teilaspekt der Volkswirtschaftslehre. Eine Fragestellung war der optimale Einsatz der knappen Ressourcen einer Gesamtbevölkerung. Pareto fand heraus, dass das Verhältnis achtzig zu zwanzig bedeutsam ist. Es wurde später als Pareto-Prinzip bekannt.

80/20, dieses Zahlenverhältnis spielt in erstaunlich vielen Lebensbereichen eine wichtige Rolle.

Einige Beispiele für das Pareto-Prinzip:

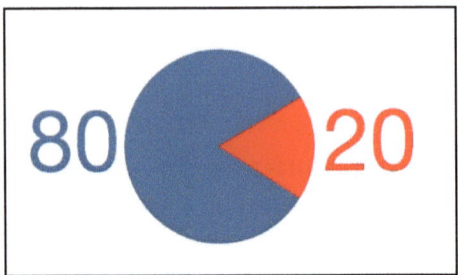

Abbildung 2: 80/20 – das Pareto-Prinzip. © Norbert Wessels

- 80 % der Umsätze kommen von 20 % der Verkäufer.
- 80 % der Unruhe in einem Klassenzimmer kommen von 20 % der Schüler.
- 80 % der Zugeständnisse beim Verhandeln werden in den restlichen 20 % der Verhandlungszeit verhandelt.

Dieses 80/20-Phänomen spielt also auch im Verhandlungsprozess eine mitentscheidende Rolle.

Grundsatz: Derjenige, der unter dem größten Zeitdruck steht, hat in Verhandlungen oft die größten Nachteile.

Da erfahrungsgemäß in den letzten 20 % der verfügbaren Zeit der Druck am größten und die Einigung am nächsten ist, werden auch heikle Gesprächsthemen gerne bis zuletzt zurückgehalten. Erst kurz vor dem Verhandlungsende werden sie angesprochen. Denn kurz vor der Einigung ist der Verhandlungspartner am verletzlichsten. In Abschnitt 4.5 (Einflussfaktor Emotion) gehe ich auf diese gefährlichen Momente beim Bergabstieg näher ein. Schließlich wird man unter Zeitdruck viel eher Zugeständnisse machen als bei ausreichend Zeit für Diskussion und Überlegung. Folglich rate ich Ihnen, dass Ihr Verhandlungspartner auf keinen Fall erfährt, wenn Sie unter Zeitdruck oder an Zeitgrenzen verhandeln.

Empfehlungen:
- Klären Sie alle Punkte frühzeitig.
- Bereiten Sie sich auf das Gespräch vor.
- Verhandeln Sie nie im Rahmen einer Frist.
- Verraten Sie nicht, wann Ihr nächster Termin ist.
- Denken Sie immer daran, dass Sie diesen Deal nicht benötigen.
- Nutzen Sie hingegen den Zeitdruck anderer für Zugeständnisse.

Erklären Sie, dass Sie in aller Ruhe die noch offenen Punkte klären wollen und dann wieder nach Hause reisen. (Behalten Sie Ihre Termine für die Rückfahrt per Bahn oder Flugzeug für sich.)

Zwischenfazit: Die Zeit ist fast immer der Feind des Verkäufers. Ziel des Verkäufers ist es stets, jetzt zu verkaufen und nicht später. „Später" müssen weitere Zugeständnisse und noch bessere Angebote gemacht werden. Die Folgeangebote werden nur selten schlechter.

Empfehlungen für Sie als Käufer:
- Sichern Sie sich ein gutes Angebot, aber versuchen Sie, einen guten Abschluss hinauszögern. Mit steigender Verhandlungsdauer erhöht sich die Flexibilität der gegnerischen Seite.
- Planvolle Lieferbedingungen erlauben eine spätere Zahlung. Dies erhöht Ihre Liquidität.
- Zum Ende einer Verhandlung lassen sich neue Bedingungen oft besser durchsetzen. Überlegen Sie also gut, was Sie in welcher Verhandlungssituation in die Waagschale legen wollen. Vielleicht verlagern Sie auch eine Investition in die Zukunft.

4.2 Einflussfaktor Preis

Der heiße Tanz um den Preis

Wer macht eigentlich bei einer Verhandlung das erste Angebot? Wie hoch sollte Ihr Preisangebot/Ihre Preisforderung sein? Einerseits möchten Sie Ihren Preis durchsetzen und andererseits wollen Sie nicht Gefahr laufen, dass Ihr Verhandlungsgegner die Verhandlung einfach abbricht.

Die Preisfindung erfordert Erfahrung und ein Gespür für die jeweilige Situation. Sie werden sich jetzt eventuell fragen: Warum ist dies so wichtig? Was hat das mit dem weiteren Verhandlungsverlauf zu tun? Diese Überlegungen sind deshalb so wichtig, weil sie eine effektive und ökonomische Heranführung an den tatsächlichen Kaufpreis darstellen. Es geht im Grunde um Ihre Preisvorschläge und Ihre einzelnen Nachlässe oder Zugaben.

Für den erfolgreichen Handel sind die Reihenfolge und die wertmäßige Reduzierung oder Erhöhung sehr wichtig. Zudem muss bei einer Reaktion immer auch eine Gegenreaktion erfolgen. Zugegeben, dies klingt alles etwas hypothetisch. Ich werde daher diese Strategie und Funktionsweise in Kürze an einem praktischen Beispiel der Firma Gut & Billig verdeutlichen. Vorab wollen wir uns aber noch mit weiteren Fragen zur Preisfindung befassen.

Grundsatz: Es ist oft sehr vorteilhaft, dem Verhandlungsgegner ein erstes konkretes Angebot zu entlocken.

Dieses Vorgehen ist besonders dann vorteilhaft, wenn ein Preis im Vorfeld nicht klar gefordert wurde. Unter anderem wird hierdurch die eigene Vorstellung zum Verkauf oder Ankauf nicht offensichtlich. Ein weiteres Ziel ist die Überprüfung und Analyse der Situation Ihres Verhandlungspartners.

Wer als Erster ein konkretes Angebot abgibt, gibt vorsichtig seine Grenzen preis. Ob es sich hierbei um eine Schmerzgrenze handelt, bleibt vielfach noch offen. Es sei denn, eine Grenze wird offensiv definiert und ein Abweichen ist grundsätzlich inakzeptabel und führt unweigerlich zum Verhandlungsabbruch.

Erfahrungsgemäß werden Preisangebote im weiteren Verhandlungsverlauf oft noch verändert oder an eine neue Verhandlungssituation angepasst. Auf jeden Fall wird der Investitionswille und die Bereitschaft zum Verhandeln unterstrichen. Dieser Sachverhalt wird in zwei Fernsehsendungen, „Bares für Rares" im ZDF (Die Trödelshow) und „Die Superhändler" bei RTL („Vier Räume ein Deal") sehr deutlich aufgezeigt.

Die Nennung eines Preises steht oft im Mittelpunkt einer Verhandlung. Wie dies bei der Sendung „Bares für Rares" im ZDF funktioniert, werde ich im Folgenden kurz beschreiben.

Wie funktionieren die Preisverhandlungen in „Bares für Rares"?

Ein Experte macht zuerst eine Begutachtung des mitgebrachten Schatzes. In einem ersten Smalltalk wird die Herkunft und die Absicht des Verkaufes kurz erörtert, zum Beispiel wird gefragt: „Wo haben Sie das Schmuckstück her?", „Wieso wollen Sie es verkaufen", „Was haben Sie dafür bezahlt?" und so weiter. Dann kommt Herr Lichter mit der finalen Frage: „Was wollen Sie denn für ihr … haben?" Bis zu diesem Zeitpunkt wurde vom Experten noch nichts zum Preis gesagt.

Nach der Nennung der Preisvorstellung des Verkäufers kommt es zu einer Einschätzung des begutachtenden Experten. Entweder wird die Vorstellung bestätigt oder vorsichtig korrigiert. Schließlich will man den Verkäufer nicht vor den Kopf stoßen. Oftmals liegen die Preise des Verkäufers und die Preiseinschätzung des Experten dicht beieinander. Oder aber es kommt zu einer Minderung oder Anpassung des Wunschpreises. Dann wird die Schmerzgrenze eben ein wenig reduziert. Schließlich will man den Schatz nicht noch einmal nach Hause schleppen. Unerwartete Freude entsteht immer dann, wenn Ersteinschätzungen der Verkäufer völlig unterbewertet waren: „Wissen Sie eigentlich, was für einen Schatz Sie hier haben?"

Diese Experteneinschätzung verführt in der Regel zu einer neuen Preisvorstellung, die dann in die Verhandlung eingeht. „Verhandeln Sie bitte gut bei den Händlern", heißt es dann. Ziel ist also immer die Festlegung eines realistischen Preisniveaus. Erst dann bekommen die Verkäufer die wichtige Händlerkarte, die für die tatsächliche Verhandlung mit den Händlern erforderlich ist.

Danach tritt der Verkäufer mit seinem Schatz vor eine Reihe von Händlern. Nach einem kurzen Hallo geht es über zum Verhandeln. Die Händler fangen an, Preise zu nennen. „Ich gebe Ihnen 80 €." „Ja und ich biete Ihnen 100 €." So geht es weiter, bis die Händler ihre Grenzen erreicht haben. „Sind Sie bereit, für 200 € zu verkaufen?" „Ja. Deal."

Wichtig ist für uns zu erkennen, dass das Fernsehformat und die Kommunikation auch unsere Anfangsproblematik berücksichtigt: Wann wird der Preis genannt? Wer nennt ihn zuerst? Wie hoch ist er? Ist er realistisch? Ist er zu hoch oder zu niedrig?

Nachdem „Bares für Rares" so erfolgreich war, kam es zu einem ähnlichen Fernsehformat bei RTL, das wir uns ein wenig genauer anschauen wollen: „Die Superhändler. Vier Räume ein Deal".

Preisverhandlungen in der Sendung „Die Superhändler"

Trödelexperte Sükrü Pehlivan führt die Verkäufer und vier Händler durch die Sendung. Wie in „Bares für Rares" steht eine Erörterung des Exponates am Anfang. Der Moderator und die vier Händler geben eine kurze Ersteinschätzung des Gegenstandes ab, erst danach wird der Verkäufer gebeten, sich und sein Angebot vorzustellen.

Es folgen die üblichen Fragen: Woher, wann und warum jetzt verkaufen? Auch hier bleibt der Wunschpreis zunächst im Verborgenen.

Durch vertiefende Fragen der Händler erschließt sich dem Anbieter die Nachfragesituation.

Als Nächstes schickt Pehlivan die Händler in ihre Räume. Erst jetzt kommt es zur Erörterung des Wunschpreises. Der Preis wird vorsichtig relativiert und der Verkäufer bekommt letzte wichtige Ratschläge für eine bestmögliche Verkaufsstrategie. In diesem Zusammenhang wird auch die Reihenfolge der folgenden Händlerbesuche bestimmt. Ein wesentlicher Unterschied zu „Bares für Rares" sind sicherlich die einzeln geführten Verkaufsgespräche.

Auch an dieser Sendung fällt auf, dass die Händler zuerst wissen wollen, wie die Ausgangslage aussieht. „Was haben Sie sich vorgestellt?", heißt es beispielsweise. Die dann erklärte Eingangsforderung wird kommentiert und es kommt in der Regel zu einem Gegenvorschlag. Entweder einigt man sich, oder der Verkäufer sucht den nächsten Händler auf, dessen Reihenfolge er im Vorfeld bestimmt hat.

Bei diesem Verhandlungsverfahren bleibt der einzelne Händler lange im Unklaren, weiß er doch nichts von den anderen Angeboten seiner Mithändler. Wird er aufgesucht, so ist klar, dass er noch im Rennen ist. Wird dem Verkäufer ein annehmbar erscheinendes Angebot unterbreitet, kommt es zum Deal.

Wenn man beide Fernsehformate miteinander vergleicht, fällt auf, dass die konkrete Nennung der Kaufpreisvorstellung gezielt gesteuert wird. Die Einschätzung der Experten erfolgt ohne Händler oder fehlt sogar. Horst Lichter und Sükrü Pehlivan führen geschickt durch den Verhandlungsprozess. Ziel ist selbstverständlich der erfolgreiche Abschluss.

Fazit: Was ich an diesen beiden Sendungen interessant finde, sind die vielfältigen Verhandlungssituationen, die unterschiedlichsten Formulierungen und die zahlreichen Reaktionen beim Verhandeln. Für neue Verhandlungsprofis sind dies sicherlich zwei Fernsehsendungen, die man für den eigenen Start oder den Aufbau einer eigenen Strategie gut nutzen kann.

In den folgenden Abschnitten kommen wir nun zu den Phasen der Preisfindung. Es geht dabei um den Handel um den Preis! Ich habe den Prozess in acht Lektionen unterteilt:

1. gefährlichen Grundsätzen
2. kluge Erstangebote
3. der Wunschpreis
4. Rabattschlacht bei Firma Gut & Billig
5. hoher Bruttoertrag durch gekonnte Strategie
6. mein Höchstpreis für ein Traumauto
7. der Strohmann
8. keine Lust mehr, zu verhandeln oder zu verkaufen

1. Gefährliche Grundsätze

Der Umgang mit dem Typ „widerwilliger Käufer/Verkäufer" erfordert eine Menge praktische Verhandlungserfahrung. Ein Grundsatz dieses Typs ist die Tatsache, dass er häufig genau das, was gerade nicht zur Verfügung steht, kaufen will. Auf jeden Fall gibt er dieses vor. Hat ein Fahrzeug kein Schiebdach, will er eins. Ist kein CD-Player vorhanden, will er einen. Ist die Wagenfarbe Rot, will er Silber. Überprüfen Sie bitte als Erstes, ob diese Wünsche nach dem Nicht-Verfügbaren ein Instrument zur Manipulation der Verhandlung ist! Widerwillige Käufer ändern oft ihre Wünsche. Aus eigener Erfahrung kann ich Ihnen mitteilen, dass wenn Verhandlungen äußerst lang andauern und der Interessent ständig seine Ausstattungswünsche ändert, Sie immer vorsichtiger werden sollten.

Gerade im Automobilgeschäft führen die zahlreichen Ausstattungsvarianten (Deutscher Neuwagen, EU–Neuwagen, Reimport) schnell zum Verlust der Produktübersicht. Halten Sie alle Vereinbarungen schriftlich fest, auch unter Geschäftsfreunden! Legen Sie dabei genau fest, was Sie final verhandelt haben. Dies gilt besonders für unterschiedliche Ausstattungsmerkmale. Im Nachgang bekommen Sie sonst große Schwierigkeiten, weil sich die Verhandlungspartner oft nicht mehr an alle Einzelheiten der Absprachen erinnern können (siehe auch „Wer schreibt, der bleibt" in Abschnitt 2.3).

Das folgende Beispiel zeigt, wie es möglich ist, durch Desinteresse den Preis zu steigern. Stellen Sie sich vor, Ihnen wird von der Konkurrenz unerwartet eine interessante Stelle angeboten. Eine raffinierte Antwort könnte lauten: „Im Augenblick habe ich kein Interesse, die Firma zu wechseln. Trotzdem danke ich Ihnen für Ihr Angebot. Aber da Sie sich schon die Mühe gemacht haben, Kontakt aufzunehmen: Was wäre denn Ihr Einstiegsangebot?" So können Sie Desinteresse vorgeben und den Preis ein wenig in die Höhe treiben.

2. Kluge Erstangebote

Kommen wir nun zur Abgabe von Angeboten. Wenn Sie als Verkäufer ein Erstgebot bekommen, welches oberhalb Ihrer eignen Erwartung liegt, bildet sich ein neuer Verhandlungsspielraum. Der Raum kann dann später für eigene Zugeständnisse genutzt werden. Durch die Bereitschaft, Zugeständnisse zu machen, schaffen Sie ein angenehmes Verhandlungsklima. Hier kann Ihr Verhandlungsgegner eigene kleine Erfolge erzielen. Als Käufer wollen Sie möglichst wenig zahlen. Daher ist Ihr Einstiegsangebot so niedrig wie eben möglich. Wichtig ist hierbei, eine Nuance über der meist unbekannten Preisuntergrenze zu liegen. Eine freundliche Art und Weise der Verhandlungsführung ist der Verhandlung förderlich. Ihr Verhandlungspartner wird dies zu schätzen wissen.

Die Erfahrung zeigt, dass die Forderungen vieler Verkäufer deutlich über ihren persönlichen Erwartungen liegen. Doch natürlich dürfen beide Preisangebote (des Käufers oder des Verkäufers) eine Weiterführung der Verhandlungen nicht gefährden.

3. Der Wunschpreis

Wie hoch ist die psychologische Ausgangsgröße in einer Verhandlung? Wo liegt der für das zu verkaufende Haus „richtige" Preis? Stellen Sie sich vor, Sie wollen Ihre Immobilie verkaufen. Diese Absicht unterbreiten Sie in diesem (gedachten) Experiment drei Immobilienmaklern. Natürlich wollen Sie gut und schnell verkaufen. Ihnen schwebt ein Preis in Höhe von 150.000 € vor. Diesen Preis halten nicht nur Sie für realistisch, sondern er wurde Ihnen auch von einem Gutachter bestätigt. Mit Ihrer Verkaufsabsicht wenden Sie sich an drei Immobilienmakler. Sie teilen den einzelnen Maklern mit, wie hoch Ihre Preisvorstellung ist. Dabei gehen Sie folgendermaßen vor:

Makler 1: Sie geben Ihren Wunschpreis mit 160.000 € an.

Makler 2: Sie geben Ihren Wunschpreis mit 165.000 € an.

Makler 3: Sie geben Ihren Wunschpreis mit 180.000 € an.

Sie erklären dem ersten Makler die Vorzüge der Immobilie und der Lage. Außerdem verweisen Sie darauf, dass vergleichbare Objekte in Ihrer Nachbarschaft 160.000 € kosten. Die gute Lage sei für die Preisbildung mitverantwortlich.

Dem zweiten Makler zeigen Sie ebenfalls die gleichen Vorzüge auf; allerdings erklären Sie ihm, dass Ihre Kaufpreisvorstellung bei 165.000 € liegt, weil Sie in den letzten zwei Jahren rund 15.000 € investiert haben.

Dem dritten Makler unterbreiten Sie einen Kaufpreiswunsch in Höhe von 180.000 €. Grund für die Preisfindung ist die Nachbarschaft. Schließlich sollte sich der neue Hausbesitzer gut in die bestehende Nachbarschaft integrieren lassen. Quasi soll die Immobilie in gute Hände übergeben werden.

Nehmen wir an, jeder Makler nimmt nun eine eigene realistische Einschätzung des Kaufpreises vor. Das Ergebnis der Bewertung der einzelnen Makler könnte aller Erfahrung nach wie folgt lauten:

Ermittelter Kaufpreis des Maklers 1: 163.000 €

Ermittelter Kaufpreis des Maklers 2: 168.000 €

Ermittelter Kaufpreis des Maklers 3: 182.000 €

Die einzelnen Makler ermittelten unterschiedliche Kaufpreise bei ein und derselben Immobilie. Warum? Weil der von Ihnen zunächst angegebene Wunschpreis automatisch als Richtgröße im Preisfindungsprozess betrachtet wird. Diese Richtgröße nennt man wegen ihres psychologischen Einflusses auch die „psychologische Ausgangsgröße". Welchen Wert Sie auch vorgeben, Ihr Gesprächspartner wird dazu tendieren, diesen Wert zu übernehmen. Der Grund liegt darin, dass unser Gehirn der ersten Information im Zusammenhang mit einer Entscheidung eine überproportional große Bedeutung beimisst.

Empfehlung für den Verkäufer:
Wer mehr fordert, bekommt auch mehr. Sie sollten sich mit der anfänglichen Forderung am Markt orientieren.

Empfehlung für den Käufer:
- Eine anfängliche Preisforderung hat nur bedingt etwas mit dem tatsächlichen Kaufpreis zu tun. Sorgfältige Vorbereitung und die Kenntnis des üblichen Kaufpreises stärken Ihre Verhandlungsposition.
- Auch wenn Ihnen bei einem Kauf große Nachlässe angeboten werden, bedenken Sie dennoch, was Sie letztlich zahlen müssen.
- Nicht selten wird der Verkaufspreis einer Ware erhöht, um ihn dann später mit einem großen Rabatt als Schnäppchen anzubieten. Über prüfen Sie daher immer durch Preisvergleich den angebotenen Marktpreis. Nur dieser sollte Ihre Richtschnur sein.

Kommen wir nun zu einem weiteren wichtigen Punkt. Es geht um den Verzicht/Verlust von Bruttoerträgen. Also um Geld, auf das Sie eventuell beim Verhandeln verzichten müssen. Dies klingt jetzt etwas weit hergeholt, daher werde ich diese Strategie und Funktionsweise an einem Beispiel darstellen.

4. Rabattschlacht bei Firma Gut & Billig

Die Firma Gut & Billig verkauft erfolgreich ein Nischenprodukt. Die Verkäufer haben einen Handlungsspielraum bei ihrer Preisgestaltung. Folgendes Ergebnis wir am Jahresende festgestellt: Rund 30 % der Verkäufer verzichten auf 80 % ihres Verhandlungsspielraumes. 70 % der Verkäufer räumen stets den gesamten Verhandlungsspielraum ein. Infolgedessen sucht die Verkaufsleitung nach Lösungsmöglichkeiten, um das Betriebsergebnis (Bruttoerträge) der Verkaufsmannschaft zu verbessern.

Jeder Verkäufer von Gut & Billig hat einen Verhandlungsspielraum von 2.000 € pro Verhandlung. Selbst wenn er den Preisnachlass gewährt, hat das Unternehmen immer noch ein gutes Geschäft gemacht. Dieser Spielraum hat aber auch seine Tücken. Daher wollen wir uns etwas genauer ansehen, wo vermeintliche Fehler in der Vergangenheit gemacht wurden.

Dazu werde ich Ihnen zwei unterschiedliche Vorgehensweisen aufzeigen. Zuerst stelle ich Ihnen die Preisverhandlung eines neuen Kollegen vor. Danach zeige ich, wie ein Verhandler in der gleichen Situation vorgehen würde, der über eine langjährige Verkaufserfahrung (20 Jahre) verfügt.

Wie fängt nun der neue Kollege an? Er überlegt: „Als Erstes mache ich ein kleines Zugeständnis. Ich will sehen, wie die Gegenseite reagiert." Also gewährt er dem Kunden (Gegner) zunächst 350 €.

Zugeständnis 1: Verhandlungsspielraum: 2.000 − 350 = 1.650 €
Die Reaktion der Gegenseite: Vorsichtiges Lachen und die Erklärung „Ihr Angebot ist sicherlich ein Scherz." Die Folge: Der neue Kollege wird noch unsicherer. Er denkt, dass das nächste Angebot noch größer werden muss, um das Geschäft abschließen zu können. Er gewährt seinem Gegner weitere 700 €.

Mit dem Zugeständnis 2 in Höhe von 700 € ist er der Gegenseite abermals entgegengekommen. Die Reaktion der Gegenseite: Sie merkt, dass der junge Kollege sehr wohl noch über mehr Spielraum verfügt, als er zunächst vorgegeben hat. Die große Gefahr besteht nun darin, dass sich die Gegenseite dazu eingeladen fühlt, weiter zu verhandeln: Der Geschäftsabschluss ist noch lange nicht erreicht.

Zugeständnis 2: Verhandlungsspielraum: 1.650 – 700 = 950 €
Summe aller Zugeständnisse = 1+2 = 350 +700 = 1.050 €
Ihr verbleibender Spielraum beträgt jetzt noch = 950 €

Zwischenfazit: Der neue Kollege hat auf 1.050 € verzichtet und ist dem Abschluss kein Stück nähergekommen. Bei unerfahrenen Verhandlern wird die Verunsicherung immer größer. So sieht auch unser neuer Kollege sich gezwungen, ein weiteres, 3. Zugeständnis zu machen. Als letztes Mittel verzichtet er auf einen weiteren großen Spielraum. Er gewährt einen zusätzlichen Nachlass von 900 € in der Hoffnung, dann den Abschluss machen zu können.

Summe aller Zugeständnisse = 1+2+3 = 350 +700 + 900 = 1.950 €
Der verbleibende Spielraum beträgt jetzt noch = 50 €.

Nächstes Zwischenfazit: Der neue Kollege hat auf 1.950 € verzichtet und immer noch keinen Abschluss. Final ist er dazu gezwungen, seinem Verhandlungspartner zu erklären, dass er ihm noch 50 € (Zugeständnis 4) entgegenkommen könnte, aber danach sei Schluss. Er könne leider keine weiteren Zugeständnisse machen.

Summe aller Zugeständnisse = 1+2+3+4 = 350+700+900+50 € = 2.000 €. Der verbleibende Spielraum beträgt jetzt noch = 0 €.

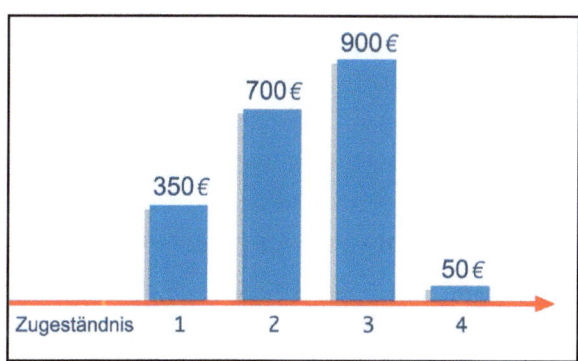

**Abbildung 3:
Norbert Wessels,
Reihenfolge der
Zugeständnisse**

(© Norbert Wessels)

Fazit: Den Verhandlungsspielraum hat der junge Kollege verspielt. Seine Vorgehensweise war psychologisch falsch. Im schlechtesten Fall kann er trotz zahlreicher Zugeständnisse den Deal nicht erzielen. Ein Verhandlungsdruck entstand erst beim letzten Zugeständnis – weil er wusste, dass sein vorhandener Spielraum verzehrt ist und dies auch erklärt hat.

5. Hoher Bruttoertrag durch gekonnte Strategie

Wir kommen nun zum Verkaufsprofi bei der Firma Gut & Billig. Er kennt sein Geschäft und weiß daher, wie der Hase läuft. Auch er macht ein erstes Zugeständnis:

Zugeständnis 1: 1.000 €
Zugeständnis 1 = 2.000 − 1.000 = 1.000 €
Sein verbleibender Spielraum beträgt jetzt noch = 1.000 €.

Zugeständnis 1 wird von der Gegenseite positiv gewertet. Es entsteht bei ihr der Eindruck, auf jeden Fall einen guten Deal machen zu können. In der Hoffnung auf weitere fette Zugeständnisse, wird aktiv weiterverhandelt. Unser Profi macht ein weiteres Zugeständnis:

Zugeständnis 2: 100 €
Summe aller Zugeständnisse = 1 + 2 = 1.000 + 100 = 1.100 €
Sein verbleibender Spielraum beträgt jetzt noch = 900 €.

Bei seinem Zugeständnis (2) erklärt unser Verkaufsprofi, dass er einen beiderseitigen Vorteil bei diesem Deal erzielen will. Er betont, dass der vorhandene Spielraum immer kleiner wird: „Für die Sicherung unseres Service benötigen wir aber Erträge", so seine Argumentation. Unterschwellig steuert er auf einen Abschluss hin. Dem Verhandlungspartner wird immer klarer, dass das Ende bald erreicht ist. Trotzdem verhandelt er weiter, er ist eben ein harter Hund. Allerdings hat er es jetzt mit einem Profi zu tun.

Final macht der Profi ein letztes Zugeständnis (3): „Hören Sie zu, da Sie so nett sind … gebe ich Ihnen noch einen letzten Preisnachlass von 32 €. " An dieser Stelle können auch andere kleine Gefälligkeiten angeboten werden. Wichtig ist, dass es den Anbieter nicht so viel kostet.

Zugeständnis 3: 32 €

Summe aller Zugeständnisse = 1 + 2 + 3 = 1.000 + 100 + 32 = 1.132 €

Der verbleibende Spielraum des Verkaufsprofis beträgt jetzt noch = 868 €.

Ist der Interessent immer noch ernsthaft an seinem Angebot **interessiert**, wird er sich höchstwahrscheinlich **DAFÜR entscheiden**: Der Deal ist da.

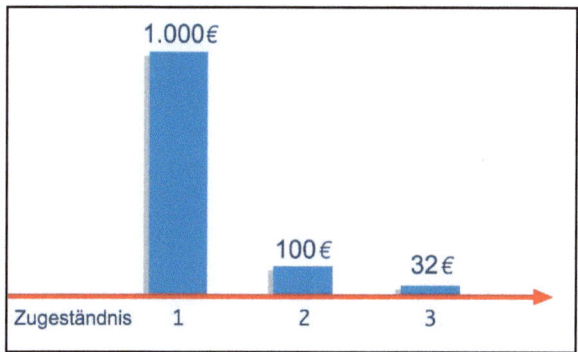

**Abbildung 4:
Reihenfolge der
Zugeständnisse**

(© Norbert Wessels)

Empfehlung: Fangen Sie mit einem fetten Zugeständnis an und verkleinern dann die Zugeständnisse deutlich. Diese Vorgehensweise ist psychologisch vorteilhaft.

Die Strategie hat gleich mehrere Vorteile, die wir uns genauer ansehen wollen. So gehen Sie dabei vor:

1) Nutzen Sie Ihren Verhandlungsspielraum sinnvoll.

2) Fragen Sie nach einem Zugeständnis immer nach dem Abschluss!

3) Starten Sie mit einem fetten Zugeständnis, in der Hoffnung einen sofortigen Abschluss erzielen zu können.

4) Beim cleveren Preisverhandeln müssen Zugeständnisse einen abnehmenden Charakter haben. Dem Gegner muss klar signalisiert werden, dass sich der Verhandlungsspielraum langsam, aber sicher, erschöpft.

5) Ihre planvolle Strategie sollte aus zwei, maximal drei Zugeständnissen bestehen.

6) Ihr letztes Zugeständnis sollte eine kleine Zugabe sein. Etwas, das Ihnen, etwa zum Selbstkostenpreis, wenig kostet.

Ein wesentlicher Vorteil dieser Strategie ist eine geringere Verhandlungsdauer aufgrund weniger Zugeständnisse.

Empfehlung: Sie sollten sich angewöhnen, bei jedem Zugeständnis nach dem Abschluss zu fragen. Auch dann, wenn Sie gerade erst begonnen haben, zu verhandeln.

Gut vorbereitet in die Verhandlung gehen

Bereiten Sie Ihre Argumente vor: Ihre vorformulierten Worte und Sätze haben Durchschlagskraft. Überlegen Sie also gut, was die beste Antwort auf etwaige Fragen oder Einwände des Kunden sind. Durch eine derartige Vorbereitung wirkt Ihre Argumentation kompetenter und überzeugender. Folglich ergeben sich hieraus größere Chancen auf einen vorteilhaften Handel. Vorbereitung lohnt sich!

Empfehlung: Machen Sie auf jeden Fall ein großes Getue, wenn Sie auf etwas im Verhandlungsprozess verzichten sollen. Die Verhandlung lebt von dem, was Sie sagen, tun oder machen. Sie müssen eine Reaktion zeigen. Egal, wie, wo, was und womit.

Unter Abschnitt 6.4 (Sichtbares Feedback als Waffe) werde ich erklären, welche Macht es hat, einfach nur entsetzt zu schauen.

Ich bitte Sie also, der Gegenseite zu suggerieren, es nicht zu wagen, nach weiteren Zugeständnissen zu fragen. Bleiben Sie aber immer freundlich, ohne Ihr Ziel aus den Augen zu verlieren.

Es wird immer wieder getönt, dass man sich zweimal im Leben trifft. Dem kann ich nur zustimmen. Allerdings haben alle Verhandlungen einen nicht zu unterschätzenden individuellen Charakter. Ich werde Ihnen in Abschnitt 6.5 (das Nein des Verkäufers) noch weitere Details verraten, warum Sie nicht jedes Geschäft unbedingt abschließen sollen oder müssen.

Grundsatz: Wenn Sie nicht lernen, einfach Nein zum Geschäft oder Handel zu sagen, sind Sie hoffnungslos allen Schnäppchen ausgeliefert.

In Seminaren höre ich immer wieder, dass die von mir gerade dargestellte Verhandlungsstrategie doch logisch sei. Ja, ist sie ja auch, ansonsten würde ich sie auch nicht empfehlen. Doch wenn ich in Seminaren oder Vorträgen nach einer cleveren Vorgehensweise beim Preisverhandeln frage, wird es oft ganz still. Daher weiß ich, dass erst die intensive Beschäftigung mit dem Thema zu einer Verbesserung der Verkaufsgespräche führt. Eine neue Wahrnehmung dieser Thematik ist also essenziell. Und sie führt dann final auch zu finanziellem Erfolg.

6. Der Höchstpreis für ein Traumauto

Zuletzt wollen wir uns noch einer weiteren spannenden Frage widmen: Wie hoch muss ein Angebot sein, damit ein Kauf auch sicher realisiert werden kann?

Nehmen wir an, Sie sind ein begeisterter Oldtimer-Fan. Sie haben einen Oldtimer mit einem Wert von 90.000 € (nach Schwacke/DAT) gefunden. Wie hoch müsste nun ein Angebot ausfallen, damit Sie den

Zuschlag sicher bekommen? Ihr Gebot müsste erheblich über dem Schätzwert liegen. Nehmen wir an, dass der Pkw Ihnen 90.000 € wert wäre, um ihn zu besitzen. Sie bieten jetzt also 95.000 € und hoffen auf den Zuschlag. 5.000 € wäre der Preis für den sicheren Erwerb, der Preis, für den Sie sich einen langjährigen Wunsch erfüllen können. Wichtig ist die Tatsache, dass ein derartiger Kauf immer vor Ort, nach einer Besichtigung, Probefahrt oder einem Gutachten erfolgt. Außerdem ist es gut, wenn Sie Ihrem Gegenüber in die Augen sehen und seine Körpersprache studieren können.

Am Anfang des Kapitels zum Einflussfaktor „Preis" (Abschnitt 4.2) hatte ich auf eine Aktion oder Reaktion hingewiesen, die sich beim Preisverhandeln ergeben sollten. Die zwei vorstehenden Strategien (des neuen Kollegen und des Verhandlungsprofis) müssen noch um einen weiteren signifikanten Faktor, erweitert werden, und zwar um die Verhandlungstechnik: „Die sofortige Gegenleistung in der Praxis". Mehr über diese oft verkannte Technik lesen Sie in Abschnitt 8.1. Die wechselseitige Nutzung dieser Verhandlungsmethode wird Ihre Preisverhandlung unterstützen und zu noch größerem Erfolg führen.

7. Der Strohmann

Diese Lektion richtet sich an alle, die sich im Vorfeld nicht zu erkennen geben wollen oder Kenntnis über dieser Möglichkeit erlangen wollen. Aus welchem Motiv auch immer. Bei dieser Verhandlungstechnik geht es um die Beschaffung von Informationen vor dem Beginn der eigentlichen Verhandlung. Zum Beispiel bei Verhandlungen im Industriesektor, wo sensible Daten wie technisches Know-how, Patente und Zahlen aus der Buchhaltung eine wichtige Rolle spielen. Eine interessante Frage zu diesem Zeitpunkt ist also: Welche Informationen gebe ich zu welchem Zeitpunkt preis? Schließlich soll mein Angebot doch in einem guten Licht stehen.

Kommen wir zu einem Beispiel aus der Immobilienwirtschaft: Stellen Sie sich vor, Sie wollen eine Immobilie in einer fremden Stadt erwerben. Die besten Chancen haben Sie, wenn Sie vor Beginn der eigentlichen Verhandlung mehr über das Objekt und den Verkäufer wissen. Da Sie selbst vorerst nicht in Erscheinung treten wollen, beauftragen Sie einen Scheinkäufer (Schwager, Detektiv oder Freund).

Der Scheinkäufer wird mit dem folgenden Fragenkatalog zur ersten Besichtigung einer zum Verkauf stehenden Immobilie geschickt:

- Ist eine Scheidung im Spiel?
- Wann soll verkauft werden?
- Wo liegt die Schmerzgrenze?
- Spielen Schulferien eine Rolle?
- Wieso wird das Objekt verkauft?
- Möchte der Verkäufer auswandern?
- Ist der Verkäufer zurzeit ohne Arbeit?
- Wie lange schon wird das Haus am Markt angeboten?
- Was sind die Motive des Verkäufers für sein Handeln?
- Was ist die absolute Preisuntergrenze des Verkäufers?
- Wie komme ich an den tatsächlichen Verkaufspreis der Immobilie?

Sie können nicht jede dieser Fragen brutal gleich am Anfang stellen. Das Gespräch sollte sich erst einmal harmonisch entwickeln. Dann kommen auch automatisch die gewünschten Informationen. Förderlich wäre es, wenn Ihr Scheinkäufer gut zuhören könnte.

Der nächste Schritt: Sie schicken einen weiteren Scheinkäufer zum Verkäufer. Der Scheinkäufer fragt nach dem Preis der Immobilie. Der Verkäufer erwidert beispielsweise 257.000 €. Der Scheinkäufer bietet dem Verkäufer einen Preis in Höhe von 200.000 € an, mit dem Angebot, bei Zustimmung des Verkäufers könne der Vertrag in den nächsten Tagen schon beurkundet werden.

Mögliche Reaktion I: Der Verkäufer ist entsetzt und lehnt das Angebot kategorisch ab. Lehnt der Verkäufer den Vorschlag Ihres Strohmannes entsetzt ab, wissen Sie, dass die derzeitige Preisvorstellung des Verkäufers bei 257.000 € liegt und nicht darunter. Sollte diese Kaufpreishöhe für Sie als Interessent inakzeptabel sein, kann die Tätigkeit des Scheinkäufers beendet werden und Sie können auf einen eigenen Gang zum Verkäufer momentan noch verzichten.

Mögliche Reaktion II: Der Verkäufer hält den Verhandlungsprozess in Gang. Das Gespräch wird fortgeführt. Die letzte Aussage des Verkäufers am Gesprächsende lautet zum Beispiel: „Unter 230.000 € verkaufe ich auf keinen Fall."

Was haben Sie durch den Einsatz eines Scheinkäufers erreicht? Sie haben eine viel bessere Vorstellung vom tatsächlichen Verkaufspreis. Sie haben ohne großen Verhandlungsaufwand eine Reduzierung des Kaufpreises in Höhe von 27.000 € ausgehandelt. Der Verkäufer kennt Sie als Käufer nicht. Der Verkäufer weiß nichts von Ihrer Kaufpreisvorstellung.

Ein weiterer Schritt (2 Wochen später): Sie schicken erneut einen Scheinkäufer los – sein Angebot: 220.000 €, also 10.000 € weniger. Allerdings mit anderen Nebenabsprachen, wie zum Beispiel Freistellung und Übergabe.

Mögliche Reaktion III: Der Verkäufer lehnt ab.

Die nächsten Schritte (3 Wochen später): Ein dritter Mann unterbreitet dem Verkäufer ein Kaufangebot in Höhe von 210.000 €. Die Nebenabsprachen werden nochmals verändert.

Mögliche Reaktion IV: Ablehnung des Angebotes.

Absichten des Interessenten: Dem Verkäufer wird durch die drei Angebote suggeriert, dass neue Angebote eine abnehmende Tendenz haben. Dem Verkäufer wird ein Preisniveau vorgegeben. In der Preishöhe von/bis x € sind also etwaige Käufer verhandlungsbereit.

Ergebnis: Sie wissen, dass der Verkäufer über einen deutlich niedrigeren Preis mit sich verhandeln lässt. Durch die zahlreichen Verkaufsgespräche erlangen Sie Wissen für Ihre finale Verhandlung, zum Beispiel: Baulasten, Innovation, Freistellung, Nebenkosten, Nachbarschaft, Übergabetermin, Reparaturrückstau, versteckte Mängel, Beschaffenheit der Immobilie.

Ist der Verkäufer zumindest in einem gewissen Rahmen verhandlungsbereit, ist der Einsatz eines Scheinkäufers aus mehreren Gründen sinnvoll. Sie kennen den möglichen Kaufpreis, der Ursprungspreis hat sich bereits reduziert – und da Sie gegenüber dem Verkäufer noch nicht in Erscheinung getreten sind, sind Sie für ihn neutral und haben noch Verhandlungsspielraum.

Grundsatz: Die Hauptwaffe des erfolgreichen Verhandelns bleibt die Information. Über Strohmänner lassen sich wertvolle Informationen generieren. Wer die meisten Informationen hat, dominiert eine Verhandlung.

Dies ist eine hypothetische Geschichte. Eine gute Immobilie wird erfahrungsgemäß schnell vermittelt sein. Daher haben Sie oft nicht genügend Zeit für derartige Verhandlungsgespräche. Aus eigener Erfahrung darf ich Ihnen sagen, dass Sie manchmal von Glück sprechen können, wenn Sie nur einen einzigen Interessenten an den Tisch bekommen.

Zwei Dinge sind aber nochmals zu betonen: Erstens: Wenn Sie diese Technik nicht kennen, könnten Sie dadurch übervorteilt werden. Zweitens: Wenn Preise eine abnehmende Tendenz haben, werden viele schnell nervös. Aktien werden dann oft verkauft. Allerdings sollten Sie hier überlegen, ob es sich hier um einen allgemeinen Trend oder einen Preisverfall handelt. Seien Sie sich gewiss, dass Sie für einen guten Deal keinen Scheinkäufer benötigen.

8. Keine Lust mehr, zu verhandeln oder zu verkaufen

Grundsätzlich ist es eher schlecht, auf einen Verhandlungspartner zu treffen, der angeblich keine Lust mehr hat, zu verkaufen. Noch schlechter ist es, wenn er behauptet, dass seine Kuh gerade die Kuh des Jahres geworden ist. Und aktuell die beste Kuh ist, die er je hatte. Wir hoffen, dass dies so stimmt. Die Kuh kann aber auch ein Pferd, Huhn oder Eber sein. Aufgrund dieser persönlichen Einschätzung denke er aktuell nicht an einen Verkauf. Er behauptet: „Bedenken Sie bitte, dass die Aufzucht sehr viel Zeit und Geld gekostet hat. Nur ungern würde ich einen Teil aus der erfolgreichen Zuchtreihe in andere Hände geben. Verstehen Sie mich bitte richtig. Zucht ist etwas ganz Besonderes. Die Weitergabe der Gene in die nächste Generation darf nicht unterbrochen werden. Eine Gefährdung des ganzen Zuchterfolges …"

Wenn Sie seine Aussagen so hören, denken Sie, dass Sie gerade zum Bittsteller der Nation degradiert worden sind. Doch dann kommt am Ende eine Bemerkung wie: „Na ja, weil Sie so nett und freundlich sind …" „Na ja, wenn die Kuh in Ihren Stall kommt, dann hätte ich Gewissheit, dass sie in gute Hände kommt …" oder „Na ja, weil wir jetzt schon so lange über den Handel gesprochen haben, wie hoch wäre denn Ihr Anfangsangebot?"

Grundsatz: Vorsicht ist geboten bei Verhandlungspartnern, die ihr Desinteresse betonen. Sie versuchen damit, den Eingangspreis in die Höhe zu treiben.

4.3 Einflussfaktor Macht

Macht erscheint uns oft wie ein Rätsel. Im Duden wird Macht so erklärt: „Die Möglichkeit oder Fähigkeit, über Personen oder Dinge zu bestimmen oder sie zu beeinflussen." Macht kann aber auch als eine geistige Verfassung verstanden werden.

Ein gutes Beispiel ist unsere Kanzlerin, denn Frau Merkel hat die Fähigkeit entwickelt, lange an der Macht zu bleiben. Hat sie nun Macht oder nicht? Was macht diese Frau aus? Ist sie Mutti der Nation? Ist sie wirklich eine Galionsfigur? Wieso gilt sie als mächtigste Frau der Welt? Dies alles muss doch einen Grund haben. Zahlreiche Politiker und Politikerinnen sind an ihr gescheitert. Wer auf gute Politiker aus den eigenen Reihen verzichten kann, weiß, wie man selbst an der Macht bleibt. Frau Merkel suchte stets nach einer eleganten Lösung. Sie ließ lieber andere groß tönen, die sich dann irgendwann selbst entsorgten. Welche Macht sie an der Spitze Deutschlands hielt, bleibt weiter offen.

Es folgen nun zwei kleine Geschichten, die zeigen, welche Rolle beispielsweise die Bekleidung im Machtgefüge spielen kann.

Der falsche Pilot

Der Film „Catch Me If You Can" („Fang mich, wenn du kannst") ist eine Gaunerkomödie aus dem Jahre 2002. Ein junger Hochstapler fungiert als Scheckfälscher. Für seine Bonität schlüpft er immer wieder in verschiedene Rollen. Eine ist ein sympathischer, junger Pilot. Dieser Film gibt dem alten Spruch: „Kleider machen Leute" neues Leben. Allerdings muss ich anmerken, dass nicht jeder Mann, der einen Anzug trägt, gleich seriös wirkt.

Anzug und Krawatte oder doch lieber Jeans?

Ich war in den 90er Jahren als Dozent an der Handwerkskammer Münster in den Meistervorbereitungslehrgängen des KFZ-Handwerks tätig. Im Rahmen dieser Vorbereitungen kam es auch immer wieder zu formalen Fragen wie: „Was zieht man zur mündlichen Prüfung am besten an? Muss es unbedingt ein Anzug mit Krawatte sein?" Einzelne Teilnehmer wollten dieser Konvention absolut nicht Folge leisten. Jeans und ein offenes Hemd wären doch auch gut. Schließlich hätte die Kleidung nichts mit der Prüfungsleitung zu tun. Nun gut. Eine Diskussion war bei einigen Teilnehmern nutzlos. Ich habe mich immer gefragt, ob diese Leute auch bei ihrer eigenen Hochzeit ohne Krawatte, Blumenstrauß oder Ring auftreten. Wenn jedoch der Prüfungsausschuss davon ausgeht, dass ihre Kleidung ihre Absicht unterstützt, dann ist die Wahl einfach. Aber es soll jeder selbst entscheiden, was für ihn richtig ist. In die Oper geht man schließlich auch nicht mit einem Neoprenanzug.

Diese zwei kleinen Geschichten zeigen doch sehr deutlich, wie schnell wir uns von Kleidung beeindrucken lassen. Es scheint daher Sinn zu machen, sich adrett und sauber zu kleiden. Auch, wenn es nicht zwingend erwartet wird.

Viele Seminarteilnehmer fragen, ob Macht gut oder böse ist. Macht scheint weder gut noch böse zu sein. Was uns oftmals missfällt, ist der Missbrauch von Macht. Zum Beispiel dann, wenn einer das Gespräch vollkommen in der Hand hat, und sich der andere vollständig unterordnet. Sei es, weil er eingeschüchtert ist, sei es weil er die Konsequenzen fürchtet. Viele Menschen üben ständig Druck auf ihr Umfeld aus. Bei Gefühlen der Macht oder Ohnmacht fühlen wir uns dem Gegenüber über- oder unterlegen. Wer die folgenden acht Elemente der Macht richtig versteht, weiß, wie man sie gewinnt oder verliert.

Acht Elemente der Macht:
1. Die Macht der Titel
2. Die Macht der Persönlichkeit, Ausstrahlung (Aura)
3. Das Heimspiel und die Zeichen der Macht
4. Die Strafmacht
5. Die Belohnungsmacht
6. Das Festhalten an fest gefügten Werten und Normen
7. Die Situationsmacht
8. Die Macht des Lachens

1. Die Macht der Titel

Früher verfügten Menschen, die einen Adelstitel besaßen, über politische Macht, zum Beispiel ein Graf, Freiherr oder ein Baron. Titel, die heute noch reale Macht verleihen, sind etwa der General, der Dekan oder ein Universitätsprofessor. Daneben gibt es Titel, die zumindest fachliche Kenntnisse bezeugen, wie zum Beispiel Diplomingenieur, Bachelor, Magister Artium oder Doktor.

Was hat es mit dem Titel auf sich? Die meisten Menschen lassen sich von einem Titel schnell beeinflussen. Viele haben die Neigung, sich eher von einem Professor oder Doktor etwas sagen zu lassen, als von einer Person ohne jeglichen Titel. Wer nichts gelernt hat und auch über keinerlei Ausbildung verfügt, wird gelegentlich über Nacht zu einem „Experten" befördert. Ich höre immer noch meine Mutter tönen: Ja, ja, ja, das ist ein Experte. Ansonsten verlor sie nie ein schlechtes Wort über einen Dritten.

Grundsatz: Messen Sie den Titeln anderer nicht zu viel Bedeutung zu. Sie geben häufig keine Auskunft über die tatsächliche Größe und Macht des Betreffenden. Auf der anderen Seite sollten Sie mit Ihren eigenen Titeln nicht zu bescheiden umgehen. Benutzen Sie ruhig Ihren Titel, andere tun es auch. Ihr Norbert Wessels M.A.

3. Die Macht der Persönlichkeit, Ausstrahlung (Aura)

Es gibt Menschen, die eine besondere Ausstrahlung haben. Wenn diese Menschen beispielsweise einen mit Menschen gefüllten Raum betreten, fällt ihre Anwesenheit unweigerlich auf. Sie glänzen allein durch ihre Präsenz. Höchstwahrscheinlich kann man diese Ausdruckskraft nicht lernen. Entweder man hat sie oder man hat sie nicht.

3. Das Heimspiel und die Zeichen der Macht

Wenn Sie in Ihrem eigenen Stadion spielen, dann haben Sie den sogenannten Heimvorteil. Hier sind Sie zu Hause. Sie wissen, wie es in diesen Räumen zugeht. Dies verleiht Ihnen Sicherheit und Stärke. Die Begeisterung der Zuschauer unterstützt zusätzlich Ihr Spiel, die Gesänge der Fans wirken motivierend auf die Mannschaft. Diese Art Macht kann als mental oder emotional bezeichnet werden.

Empfehlung: Sollten wichtige Vertragsverhandlungen anstehen, führen Sie sie, wenn möglich, immer in Ihren eigenen Räumen durch. Sie haben dann kein Auswärtsspiel. Das Hausrecht unterstreicht Ihre Macht.

Werden Verhandlungen im Auto geführt, benutzen Sie Ihr eigenes. Als Immobilienmakler habe ich dies immer getan. Stehen Verhandlungen mit der Bank an, dann laden Sie die Bank doch zu einer Besichtigung in Ihre Firma ein.

Kommen wir zu weiteren Spielregeln der Macht. Bei einem Bewerbungsgespräch musste ich einmal etwa 20 Meter durch eine Gasse von Stuhlreihen gehen, bis ich zu meinem Verhandlungspartner gelangte. Dieser Gang glich einem Spießrutenlauf. Am „Thron" angekommen, empfand ich schon keine Lust mehr, für diesen Typen zu arbeiten. Sie sehen also, dass übertriebene Machtdemonstration nicht selten das Gegenteil von dem erreicht, was beabsichtigt ist.

Es gibt auch Gegenstände, die zu Zeichen der Macht werden können, etwa Uhren, Schuhe, Whiskey, Immobilien, Autos, Bilder, Jachten, Privat-Jet, Anzüge, Kleider, Champagner, Taschen.

Auch diese Zeichen der Macht dürfen Sie nicht verunsichern. Es mag schön sein, derartige Dinge in Augenschein nehmen zu können, doch sollte die Liquidität Ihres Gegenübers trotz Prunk und Pracht gut überprüft werden. Hier möchte ich schon einmal etwas vorwegnehmen: Sie benötigen diesen Auftrag nicht! Dieser Satz sollte einer ihrer neuen Grundsätze werden (mehr dazu in Kapitel 6.5).

Auch wenn weniger Umsatz Sie vielleicht verunsichert: Seien Sie sich gewiss, dass ein Nein selten die schlechtere Wahl ist. Oder haben Sie schon mal gehört, dass erfolgreiche Geschäftsleute pleite gegangen sind, weil sie zu oft Nein gesagt haben? Klar, Sie wollen Geld verdienen, aber bitte nicht um jeden Preis.

4. Die Strafmacht

Strafmacht liegt immer dann vor, wenn Strafe als Instrument der Führung, Steuerung sowie Beeinflussung gezielt eingesetzt werden kann. Sie tritt immer dann auf, wenn Sie das Gefühl haben, es könnte Sie jemand bestrafen. Wenn zum Beispiel ein Mensch die Macht hat, Folgendes zu tun:

- Sie bloßzustellen,
- Sie zu bestrafen,
- Sie zu blamieren,
- Sie lächerlich zu machen.

Bei der Bundeswehr ist es beispielsweise so, dass es in jeder Situation von Ihren Vorgesetzten abhängt, ob Sie bestraft werden oder nicht. Die Formel heißt hier Befehl und Gehorsam. Oder denken Sie an das Gefühl, dass Sie haben, wenn Sie von der Polizei angehalten werden. Jetzt liegt es im Ermessen der Polizeibeamten, ob Sie einen Strafzettel bekommen oder lediglich eine Verwarnung. Auch in der Behörde wird Strafmacht ausgeübt: Weist der Beamte nun Ihren Antrag zurück oder akzeptiert er ihn, trotz fehlender Unterlagen? Er hat in diesem Fall die Möglichkeit, Sie zu maßregeln. Oder denken Sie an den Schiedsrichter: Es geht nicht darum, ob er die Situation richtig oder falsch gesehen hat. Er muss schnell entscheiden – und zwar sofort.

Ein klassisches Beispiel ist auch die **Bewerbungssituation:** Egal, auf was Sie sich bewerben, ein Nein kassieren Sie in jedem Fall. Also kann man Sie auch nicht enttäuschen. Bekannte Hollywood-Schauspieler mussten in ihrem Leben mehr als 40-mal vorsprechen, bis sie entdeckt wurden. Sie sind also durchaus in guter Gesellschaft, wenn Sie Absagen bekommen.

Das Nein im Verkaufsgespräch hat oft eine ähnliche Wirkung. Am Anfang ihrer Karriere empfinden Verkäufer die Ablehnung ihres Angebotes häufig als Strafe. Über die Tatsache, dass jemand Nein sagt, muss sich ein Vertreter hinwegsetzen können. Erst später gelangt er zur Einsicht, dass die Menge der Abschlüsse mit der Anzahl an Kundenkontakten einhergeht und nicht vom einzelnen Nein abhängt.

5. Die Belohnungsmacht

Belohnungsmacht ist immer dann aktiv, wenn jemand einen anderen Menschen in irgendeiner Weise belohnen kann. Zum Beispiel wenn Sie Ihrem Kind sagen: „Du bekommst ein Eis, wenn Du den Rasen gemäht hast." Oder der Chef: „Wenn wir die Sache unter Dach und Fach bringen ist da für Sie noch meine Ferienhütte/Tickets für den BVB/ Ferienwohnung auf Norderney/Jagd im Westerwald/Haus auf Rhodos/ Boot an der Nordsee …"

Auch in Unternehmen ist Belohnungsmacht präsent, Ihre Vorgesetzten können Beförderung und Gehaltserhöhungen veranlassen. Und er entscheidet, ob Sie nun den Lehrgang besuchen oder ein anderer. Aber auch eine Ehefrau hat Belohnungsmacht: „Wenn alles glatt geht, mache ich dir dein Lieblingsessen", genauso wie der Ehemann: „Wenn du den Vertrag bekommst, fahren wir zusammen in den Urlaub."

Im Fußballverein entscheidet der Trainer, ob Sie in der Startelf stehen oder Auswechselspieler sind. Schon das beiläufige Erwähnen einer Sache genügt in der Regel, um die Belohnung zu signalisieren.

Empfehlungen:
- Wenn Sie unterschwellige Versprechungen erkennen, dann buchen Sie selbst eine Ferienhütte Ihrer Wahl. So bleiben Sie unabhängig.
- Bedenken Sie immer die Gefahr, die beim Eingehen auf Belohnungsmacht ausgehen kann. Und wenn Sie selbst Mitarbeiter führen, überlegen Sie bitte gut, wen Sie mit welcher Belohnung überzeugen wollen.
- Verzichten Sie selbst so wenig wie nötig auf diese Möglichkeit der Machtausübung!

6. Das Festhalten an fest gefügten Werten und Normen

Welches Verhalten erwarten Sie von einer Führungsperson? Von Führung verlangt man in der Regel klar festgelegte Werte und Auffassungen. Wir folgen oft der Person, die zu verstehen gibt, dass dies so und nicht anders gemacht wird. Insgeheim bewundern wir diese Geradlinigkeit und Konsequenz. Sie hilft uns, eigene fehlende Ziele zu kompensieren.

Es gibt Zeitgenossen, die springen von einem Thema zum anderen. Sie erklären heute dies und morgen jenes und übermorgen drehen sie die ganze Sache wieder um. Bei Politikern hat man heute vielfach den Eindruck, dass sie zu oft ihre eigenen Meinungen und Auffassungen verändern. Gerade so, wie es die Wählerschaft oder die politische Landschaft verlangen. Dies führt zum Eindruck von fehlender Führungsqualität.

Unser früherer Bundeskanzler Helmut Kohl stand immer für die Wiedervereinigung und für Europa. Wenn jemand konsequent ist, folgen ihm die Leute. Das wird in Verhandlungen und Gesprächen bewundert. Die Menschen akzeptieren und respektieren fest gefügte Werte und Meinungen. Diese Auffassungen werden zu einem einflussreichen Faktor. Stehen Sie also ehrlich zu Ihrem Wort.

Ein schlechter Ruf spricht sich schnell herum. Wenn Sie ein Auge in einem Fall zudrücken, so kann dies kurzfristig ein Erfolg für Sie sein. Langfristig führt es aber zum Verlust der Fähigkeit, Menschen beeindrucken zu können.

Grundsatz: Seien Sie im Umgang mit Menschen aufrichtig und orientieren Sie sich an ethischen Grundsätzen. Sagen Sie: „So und nicht anders."

Auch wenn andere Mitmenschen nicht immer Ihrer Auffassung sind, so folgen sie dennoch diesen Maßstäben (selbst in Ihrer Abwesenheit). Dies sind die Grenzen, in denen wir uns bewegen können.

7. Die Situationsmacht

Wann stoßen Sie auf Situationsmacht? Immer dann, wenn zum Beispiel Personen Ihren Antrag, Ihr Vorhaben, Ihr Anliegen genehmigen oder ablehnen können. Oftmals liegt es an ihrem „good will", ob es zur Genehmigung kommt oder nicht. Meist finden wir solche Mitarbeiter in großen Organisationen. In diesen Strukturen sind Sie selbst eine Nadel im Heuhaufen.

Wenn Sie beispielsweise Angestellter einer großen Organisation wie der Post oder der Bahn sind, dann haben Sie nicht viele Freiheiten in der Ausübung Ihrer Aktivitäten. Sobald diese Leute aber in eine Entscheidungssituation geraten, ergreifen sie blitzschnell die Macht.

Stellen Sie sich vor, Sie sind ein Kunde mit einer Reklamation und Sie telefonieren mit dem selbstgefälligen Mitarbeiter des Herstellers, auf dessen positive Entscheidung Sie hoffen. Doch auch privat haben wir täglich mit Situationsmacht zu tun. Denken Sie an den Postbeamten, er kann Ihr Paket so annehmen oder auch nicht. Und es gibt noch mehr Beispiele, egal ob Zugschaffner oder Beamter in der Baubehörde: „Die Fahrkarte ist nicht gültig …", „Der Bauantrag kann so nicht angenommen werden …". Sie alle kosten förmlich die Macht der Situation aus.

8. Die Macht des Lachens

Im Wartezimmer einer Arztpraxis sitzen mehrere Patienten, die auf ihren Behandlungstermin warten. Die Stimmung ist gedrückt. Auf einmal betritt eine junge Mutter mit ihrem Kleinkind das Wartezimmer. Schlagartig richtet sich die Aufmerksamkeit der Gruppe auf das Kleinkind. Es lacht herzlich in die Gruppe hinein. Einzelne Patienten versuchen Kontakt zum Kind aufzunehmen. Die Stimmung ist wie verwandelt. Gerade noch beherrschten dunkle Gedanken den Raum, jetzt spüren alle das pralle Leben. Der Stimmungswechsel resultiert aber nicht ausschließlich aus dem kindlichen Lachen. Wenn es so einfach ist, eine Gruppe Fremder positiv zu beeinflussen, dann sollten wir uns noch etwas mehr mit dieser Macht beschäftigen.

Eine wichtige Frage ist, was vereinzelte Menschen am Lachen stört oder wovor sie Angst haben. Es scheint wohl der Missbrauch zu sein, der mit dieser Macht einhergeht. Wir alle haben panische Angst davor, dass uns ein anderer lächerlich machen kann. Und dies sogar vor einer größeren Gruppe. „Christen gelten oft als langweilig, verklemmt und humorlos. Die Christen müssten erlöster aussehen, wenn ich an ihren Erlöser glauben sollte", meinte der Philosoph Friedrich Nietzsche in seinem Werk „Zarathustra". Für Protestanten galt Lachen als Übermut, Vergnügen, vergeudetes Leben, Ausschweifung sowie Genuss.

In Umberto Ecos Roman „Im Namen der Rose" können wir lesen, Jesus habe nie gelacht, wie Burgus in einem Disput mit William von Baskerville behauptet, denn jegliches Lachen sei Teufelswerk. Das Lachen galt Burgus, dem Hüter der Bibliothek als Prinzip des Aufruhrs. Er wollte die Welt vor dem Buch des Aristoteles über die Komödie schützen. Nur Angst könne die Menschen dazu bringen, ein gottgefälliges Leben zu führen.

Stimmt es denn, dass Lachen glücklich macht?

Nun, diese Frage muss wohl jeder selbst für sich klären. Schauen wir uns folgende Annahmen an:

- Lachen ist gesund.
- Lachen kostet nichts.
- Lachen gibt uns ein gutes Gefühl.
- Kein Lächeln gleicht dem anderen.
- Ein Lächeln ist die kürzeste Verbindung zwischen zwei Menschen.

Ich denke, dass das Lachen seinem Wesen und seiner Bestimmung nach grundsätzlich gut ist. Lachen kann jedoch viele unterschiedliche Emotionen wie Freude, Liebe, Häme, Unsicherheit ausdrücken. Es kann je nach Situation und Person böse, gemein, ironisch, listig, glücklich, verliebt und ausgelassen sein.

4.4 Einflussfaktor Wissen

1) Die Macht der Sachkenntnis
2) Die Macht der Information

Als langjähriges Mitglied der Druiden-Loge Schwarzer Diamant in Essen (21.01.2004 bis zum 29.02.2012) begegnete ich den Lehren Merlins. Eine entsprechende Buchempfehlung finden Sie im Literaturverzeichnis. Ein Gebot lautete: „Befleißige Dich, Deine Kenntnisse zu mehren, denn Wissen ist Macht". Im Laufe der Logenzugehörigkeit wurden wir Mitglieder angehalten, eigene Vorträge zu entwickeln und sie dann der Allgemeinheit zu präsentieren. Wissen wurde gefordert und gefördert.

Gute Kenntnisse helfen uns dabei, notwendige Dinge erfolgreich zu gestalten.

Wissen setzt sich aus unterschiedlichen Aspekten zusammen und unterliegt der ständigen Erneuerung. So ist ein Festhalten an altem Wissen oftmals nicht zeitgerecht. Geistige Flexibilität und eine ständige Schulung Ihres aktuellen Wissens sind notwendig. Den Arbeitsmarkt nicht zu kennen, in dem man unterwegs ist, „geht gar nicht". Eine breite Allgemeinbildung sorgt außerdem dafür, dass Sie auch über andere Wissensgebiete sprechen können. Auch wenn Sie dann noch kein Profi auf fremden Sachgebieten sind, ermöglicht es Ihnen dennoch, die eine oder andere Frage stellen zu können. Im Kapitel über den Einflussfaktor Kommunikation (Punkt 4.6) wird das Fragen noch ein wichtiger Punkt sein. Aber schauen wir uns zuerst die Macht der Sachkenntnisse und die Macht der Information etwas genauer an.

1. Die Macht der Sachkenntnis

Wenn Sie jemandem das Gefühl geben können, dass Sie über mehr Sachkenntnisse als er verfügen, haben Sie Macht über diese betreffende Person. Die Gefahr bei zu großem Wissen ist aber, das der übermäßige Einsatz von Fachkompetenz auch dazu führen kann, eine Verhandlung zu verlieren. Ihr Partner wird sich nach zu viel „Fachchinesisch" innerlich abwenden. Bewusst als Machtinstrument eingesetztes Fachvokabular heißt nichts anderes als: „Wir sprechen hier eine Sprache, die Ihr nicht versteht und auch nicht verstehen sollt." Diese Demonstration von Macht sieht man allenthalben.

In Abschnitt 5.6 (Den Markt kennen) beschreibe ich, welche Auswirkungen breite Sachkenntnisse auf Kaufverhandlungen haben. Und dies gilt besonders für die Realisierung eines möglichen höheren Kaufpreises.

2. Die Macht der Information

Warum geben große Nationen viel Geld aus, um in anderen Ländern Spionage zu betreiben? Aufgrund des Informationsvorsprungs können sie ihre individuellen Strategien und Vorgehensweisen immer wieder neu bestimmen und festlegen. Es ist also von großer Bedeutung, wichtige Informationen zu kennen, bevor die eigentliche Verhandlung losgeht.

In der Zeit des Kalten Krieges (USA–UdSSR) wusste jede Seite, bevor die eigentliche Verhandlung losging, wie die Gegenseite vorgehen würde. Es wurden Millionen für diese Spionage von beiden Seiten bezahlt, um an entsprechende Informationen zu gelangen.

Kommen wir zurück zu Ihrem Betrieb: Wenn in Ihrem Betrieb etwas schief geht, wann erfahren Sie davon? Als Erster oder Letzter? Das ist eine interessante Frage, oder? Zeigt Ihre Antwort doch, wie es so läuft mit der internen Info, dem „Flurfunk".

Frage: Wie viel Geld und Energie sollte ein mittelständisches Unternehmen für die Beschaffung von Informationen ausgeben?

Antwort: Das hängt ganz davon ab, für wie wertvoll mögliche Antworten erachtet werden.

Ein gutes Beispiel sind Informationen über einen neuen Mitarbeiter.

Nehmen wir an, ein neuer Verkäufer soll für den Verkauf eingestellt werden. Sinn und Zweck der weiteren Einholung von Informationen ist es, sich ein besseres Bild von dem Kandidaten zu machen. Die Bewerbung ist gut und die Arbeitszeugnisse sprechen eine eindeutige Sprache, aber …

Exemplarisch möchte ich Ihnen einige alternative Vorgehensweisen bei einer Bewerbung aufzeigen:

- Es werden wenigstens drei Gespräche mit unterschiedlichen Entscheidern des Kandidaten aus Ihrem Unternehmen geführt.
- Ist ein Arbeitgeberzeugnis sehr gut, fragen Sie nach, ob es sich um ein Gefälligkeitszeugnis handelt.
- Wenn möglich, rufen Sie den letzten (oder vorletzten) Vorgesetzten an und erkunden sich nach dem Bewerber.
- Stellen Sie folgende Frage: Würden Sie den Mann nochmals in Ihrem Betrieb aufnehmen? Wenn ja: „Warum?" Wenn Nein: „Wieso nicht?"
- Anruf beim Vermieter: Wenn möglich, rufen Sie den derzeitigen Vermieter an, um zu hören, wie es Ihrem Aspiranten im Mietverhältnis so ergangen ist.
- Sie gehen mit dem Bewerber zum Essen, ins Kino oder zum Fußballspiel.
- Zum Essen laden Sie auch die Gattin gleich mit ein. Wenn möglich, schauen Sie sich auch in diesem Zusammenhang die Wohnung, das Auto und das soziale Umfeld des Bewerbers mit an.

Menschen lernen Sie in einem Vorstellungsgespräch niemals richtig kennen. Sie bekommen erst dann ein besseres Bild vom Bewerber, wenn Sie ihn mehrmals treffen und ihn in verschiedensten Situationen beobachten können. Selbstverständlich richtet sich der hier betriebene Aufwand nach der Bedeutung der neu zu besetzenden Position.

Aufgrund meiner langen beruflichen Erfahrung weiß ich, dass Sie

Ihr Gegenüber erst bei der tatsächlichen Arbeit so richtig gut kennen lernen. Wenn richtiger Druck die Arbeitsleistung im Tagesgeschäft tangiert. Wenn Stress von Kollegen auf ihn einwirken. Wie verhält es sich dann? Gerade bei Führungspersonal ist eine feine, sensible Vorgehensweise bei der Einstellung so wichtig. Erstens ist die Suche nach gutem Personal äußerst schwierig und zweitens ist die Erkenntnis, den Falschen eingestellt zu haben, meist sehr bitter.

Viele Seminarteilnehmer schreien an dieser Stelle auf: Das dürfen Sie doch gar nicht. Datenschutz, Persönlichkeitsrechte und so weiter. Stimmt. Aber was ist, wenn die Gegenseite es trotzdem tut? Bitte bedenken Sie immer, das andere nicht so fair sind wie Sie. Sie sollten diese Tatsache bei Ihrer persönlichen Bewertung nicht unterschätzen.

Als letzten Punkt möchte ich noch zur Geheimhaltung von Informationen oder zur gezielten Weitergabe von Informationen kommen. Sie dient dazu, Kontrolle über andere auszuüben beziehungsweise selbst alle Fäden in der Hand zu behalten. Ein Beispiel dazu: „Wir müssen kurz etwas ohne Sie besprechen." Kennen Sie das Gefühl auf dem Flur: „Was reden die da bloß Wichtiges?" Oder der Kundendienstleiter gibt wichtige technische Informationen einfach nicht weiter.

Die bewusste Zurückhaltung von Informationen schadet dem normalen Umgang im Unternehmen. Sie führt zum Abbau von Vertrauen. Kommt eine bewusste Manipulation zutage, ist die Enttäuschung innerhalb der Belegschaft groß. Jahrelanger Aufbau von Vertrauen wird schlagartig zerstört. Letztlich leidet oder schadet dieses Verhalten mehr, als es nützt, unabhängig vom betrieblichen Gesamtschaden.

Was passiert, wenn Sie sich die acht Segmente der Macht bewusst machen und anwenden?

Sie werden in der Regel Folgendes feststellen:
- Sie haben Werte und Normen und stehen auch dazu.
- Sie haben Persönlichkeit und Ausstrahlung.
- Sie verfügen über Sachkenntnisse.

Diese Erkenntnis macht Sie selbstbewusster und erfolgreicher für künftige Verhandlungen. Von Ihren Geschäftspartnern werden Sie geschätzt und gefürchtet (wegen Ihrer Gradlinigkeit). Man wird Sie als Experte schätzen und Sie um Ihre Meinung und Rat bitten. Die möglichen Folgen dieser Grundsätze:

- Man mag Sie.
- Man glaubt Ihnen.
- Man vertraut Ihnen.

Diese Kombination führt zu Kontrolle und Erfolg in Verhandlungen. Man fragt Sie vielleicht: Was meinen Sie denn, was wir tun sollten? In diesem Fall haben Sie die volle Situationsmacht!

Alle aufgezeigten Machtelemente ergeben zusammen eine Kraft, die nicht zu unterschätzen ist. Jetzt wollen wir uns noch die negative Seite dieser Macht anschauen. Diktatoren wie Stalin, Hitler, Saddam Hussein verfügten über fast alle Segmente der Macht. Durch ihre geschickte Öffentlichkeitsarbeit und der Befugnis bestrafen oder belohnen zu können, hielten sie sich an der Macht.

Nun wissen Sie, was Macht bedeutet und wie man sie erlangt. Aber was machen Sie, wenn Sie das Gefühl bekommen, **die Macht zu verlieren?**

Empfehlungen:

1. Eine sofortige kritische Überprüfung/Analyse Ihrer Situation sollte klären, wodurch sich der Verlust an Kontrolle ergeben hat.
2. Schalten Sie schädliche Einflussfaktoren aus: Entziehen Sie sich der Beeinflussung und stärken Sie somit Ihre eigene Position.
3. Flüchten Sie in sichere Bereiche: Wechseln Sie beispielsweise das Thema. Sprechen Sie über Sachgebiete, die Sie gut kennen. Somit gelangen Sie langsam zu Ihrer Macht zurück.

Punkt 3 gefällt mir persönlich am besten, da diese Empfehlung sehr schnell angewandt werden kann. Erkennen und neutralisieren Sie die Machtspiele Ihres Gegenübers. Dies führt zu mehr Selbstsicherheit und letztlich auch zu mehr Lebensqualität.

4.5 Einflussfaktor Emotion

Wir alle leben ein Leben, das von verschiedenen Emotionen beeinflusst wird. Heute geht es uns gut und morgen läuft es einfach nicht. Was kann man im Laufe eines Lebens auf diesem Planeten erreichen? Sicherlich können Sie viel Geld anhäufen, um dann eine glückliche Zweisamkeit zu erleben. Aber dann kommt unweigerlich wieder diese Stille, in der wir über unsere Erfahrungen nachdenken. Das können positive oder negative Zustände sein.

Mein persönliches Ziel war immer die Realisierung von überwiegend positiven Momenten. Unabhängig vom vorhandenen Geld war dies immer für mich Glück. Schließlich spiegeln unsere Gefühle meist unsere Gedanken wider. Und Gedanken können bewusst eingesetzt werden. Was hat dies denn mit dem Verhandeln zu tun hat, werden Sie sich fragen. Sehr viel, wie wir noch sehen werden.

Ich möchte Ihnen nun äußerst **gefährliche Momente** in einer Verhandlung erklären. Vielleicht erschrecke ich Sie ein wenig, doch das dient dazu, Sie auf mögliche Situationen bestmöglich vorzubereiten. Mir ist klar, dass jede Verhandlung ihre eigene Geschichte hat. Folglich ist eine vollumfängliche Vorbereitung nicht möglich. Dennoch sollten Sie nach dem Studium dieses Buches gut vorbereitet sein. Im späteren Verlauf dieses Werkes wird Ihnen klar werden, wie wertvoll die einzelnen Aspekte sind. Nutzen Sie sie als Fundus für neue Schachzüge, die aufeinander aufbauen.

Eine wichtige Fähigkeit in Verhandlungen ist es, zeitnah zu erkennen, was in einer Verhandlung gerade passiert oder was die Gegenseite mit

Ihnen vorhat. Der Schwerpunkt liegt auf dem Wort „zeitnah". Oft fragen wir uns nach heiklen Gesprächen, warum ist mir das Argument denn nicht gleich eingefallen? Ob dies an einer mangelnden Vorbereitung liegt, können nur Sie selbst beantworten.

Grundsatz: Gefühle und Emotionen können zu gefährlichen Momenten in einer Verhandlung führen.

Diese Tatsache lässt sich am besten durch eine kleine Geschichte verdeutlichen. Nennen wir sie die „schwere Verhandlung".

Schwere Verhandlungen

Schwere Verhandlungen gleichen oft einem langen beschwerlichen Weg, den man gehen muss. Ein guter Vergleich ist das Bergsteigen. Im Tal steht man vor diesem riesigen Berg, den es zu erklimmen gilt. Die Gedanken kreisen hin und her. Steht nun Ihre persönliche Karriere oder der väterliche Betreib bei der aktuellen Verhandlung auf dem Spiel? Oder „müssen" Sie einen wichtigen Auftrag, Vertrag, Mitarbeiter, Deal bekommen? Das Motiv soll uns jetzt nicht weiter interessieren. Allerdings werden wir uns in dem Abschnitt 6.5 mit dem „müssen" noch intensiver beschäftigen.

Doch zurück zum Berg. Die Motive und Gründe sind vielfältig. Was noch vor uns liegt, ist der beschwerliche Aufstieg, Schritt für Schritt. Die Strecke erscheint mühevoll und anstrengend. Sie freuen sich aber schon jetzt auf den herrlichen Blick, der vom Gipfel möglich ist. Er ist der Lohn für den langen, steilen Aufstieg. Die Schinderei und die Qualen, die nötig sind, belasten Sie. Vielleicht übertreibe ich hier ein wenig. Als guter Wanderer oder Verhandlungsprofi kennen Sie diese Anstrengungen bereits. Aber es geht ja nicht nur um die Profis, sondern auch um jene, die die Gefahren nicht erkennen, die beim Bergsteigen und Verhandeln auftreten können.

Der Aufstieg und eine schwere Verhandlung gleichen oft einer Tortur. Stehen wir dann auf dem Gipfel, stellt sich oftmals ein emotionales Hochgefühl ein: Ich habe es geschafft! Zahlreiche Verhandlungsteilnehmer mit wenig Verhandlungsroutine fühlen sich zu diesem Zeitpunkt sehr gut. **Doch Vorsicht!** Dies ist der gefährlichste Punkt in Ihrer ganzen Verhandlung. Warum? Weil Sie Folgendes denken: Ab jetzt ist alles einfach. Der Abstieg ist ein Kinderspiel. Wenn Sie erfahrener Bergsteiger sind, wissen Sie jedoch, dass auch der Abstieg nicht ohne ist.

Die Gefahr droht gerade dann, wenn es am schönsten ist. Wenn Sie sich gut fühlen, sind Sie für Zugeständnisse sehr offen. Es fällt Ihnen jetzt leicht, Ihrem Verhandlungsgegner etwas einzuräumen, was eigentlich in die Hauptverhandlung gehört hätte. „Aber er ist doch so nett".

Oft gibt es Ziele, die neben der Hauptforderung noch zusätzlich erreicht werden sollen. Dann ist die Frage: Zu welchem Zeitpunkt wird diese **zusätzliche Forderung** gestellt?

Es ist daher klug zu überlegen, **zu welchem Zeitpunkt** Sie was und in welcher Höhe verhandeln wollen oder wann etwas von Ihrer Gegenseite verhandelt werden kann. Am Anfang, während der Verhandlung oder erst am Ende, wenn wir uns schon in den Armen liegen?

Empfehlung: Seien Sie auf der Hut vor dieser Technik, die darin besteht, dann Zugeständnisse zu erhalten, wenn die Gegenseite meint, der schwere Teil sei vorbei. Sie wird immer wieder angewandt, und zwar gern auch gegen Sie.

Dieses Buch ist keine Anleitung für unseriöse Handlungsweisen. Mein Ziel ist es, Ihnen raffinierte Verhandlungskunst zu vermitteln. Das soll Sie vor zukünftigen Forderungen in Verhandlungen schützen. Das ist etwas, das es auf normalem Wege so nicht gibt. Aus eigener Erfahrung behaupte ich, dass die Hintergründe der Verhandlungstechnik nicht proaktiv geschult werden.

Einige Strategen leugnen ein derartiges Vorgehen in ihrer eigenen Verhandlungspraxis. Solche Nachforderungen seien keine böse Absicht, man hätte einige Anliegen nur in der Hauptverhandlung vergessen. Vielleicht stimmt das, vielleicht ist es auch nur eine kognitive Schwäche. Aber trotzdem: Seien Sie vorsichtig!

Frage: Was wäre eigentlich passiert, wenn dieses Anliegen Bestandteil der Hauptverhandlung gewesen wäre? Ganz einfach: Beide Seiten hätten mit geschärftem Sinn verhandelt und argumentiert. Eine Forderung erst am Schluss zu bringen, ist raffiniert und gefährlich, zumindest für ungeübte Verhandler.

Frage: Wann ist den eigentlich eine Verhandlung zu Ende?

Antwort: Nie.

Auch an diesem Punkt ist Vorsicht geboten. Eine Verhandlung zwischen Arbeitgeber und Arbeitnehmer findet möglicherweise in jedem Gespräch, welches im Unternehmen geführt wird, statt. Ergänzend zu diesen Überlegungen finden Sie unter Abschnitt 8.2 (Die nachgeschobene Forderung) ein vertiefendes Beispiel aus der Praxis.

4.6 Einflussfaktor Kommunikation

Die Kommunikation spielt eine zentrale Rolle bei Verhandlungen. Einerseits ist es das gesprochene Wort und andererseits die körperliche Reaktion. Alles, was man hört und sagt. Und was man sieht oder zeigt. Verbale und nonverbale Kommunikation. Auch wenn man nichts sagt, spricht man dennoch durch seine Körpersprache. An dieser Stelle möchte ich zuerst auf die verbale Kommunikation zu sprechen kommen. Die nonverbale Kommunikation kommt später noch in kleinen Geschichten zur Sprache.

Was ist denn eigentlich gute und was ist schlechte Kommunikation? Und wo liegt der Unterschied? Sicherlich ist es für jeden von uns etwas anderes. Gute Kommunikation kennt keinen Anfang und kein Ende. Wird sie schlecht betrieben, ist sie allerdings schnell zu Ende.

Grundsatz: Die Kunst einer guten Verhandlungskultur besteht aus den folgenden Punkten: Das Gespräch hat keinen Druck. Die Argumente folgen einen Roten Faden und unterliegen einen logischen Aufbau. Sie treffen auf die Ausgangswünsche der Gegenseite.

Folglich müssen die übermittelten Inhalte sinnvoll sein. Effektive Kommunikation, gepaart mit gezielter Abschlusstechnik, darum geht es. Das sind die Maßnahmen, die getroffen werden, um die Gegenseite zum Abschluss zu führen. Hilfe bei der richtigen Entscheidungsfindung. Der Kunde sollte dem Gespräch gut folgen können und sich dabei auch noch gut fühlen.

Ohne Druck zum Abschluss!

Ein Kaufabschluss ist die Folge aus einem richtig geführten Verkaufsgespräch. Vorher erfährt der Verkäufer allerdings durch verbale oder nonverbale Kaufsignale, ob man sich bereits zum Kauf entschieden hat oder kurz davor ist. Wir haben gerade erfahren, warum es so wichtig ist, eine positive Kommunikation zu führen.

Theorie des geteilten Kuchens

Nach meiner Überzeugung kann positive Kommunikation dazu beitragen, dass in einer Gemeinschaft eine gute Atmosphäre herrscht. Und diese positive Stimmung ist für die eine oder andere Verhandlung äußerst wichtig. Sie verändert vielfach aussichtslos wirkende Situationen zum Positiven und führt völlig unerwartet zu erfolgreichen Abschlüssen – zum Vorteil aller Beteiligten.

Kennen wir nicht alle die Situation, in der sich einzelne Gesprächsteilnehmer in den Vordergrund spielen wollen? Da ist die Tante, die wieder einmal ihre Geschichten zum Besten gibt. Oder der selbstgefällige Onkel, der nicht aufhören kann, von seinem Hobby oder seinen Erfolgen zu sprechen. Beide Strategen ähneln sich darin, dass sie andere

Gesprächsteilnehmer erfolgreich ignorieren und einfach nicht zu Wort kommen lassen. Sie stehlen anderen Zeit für ihre eigene Darstellung. Dies wiederum ist für ein erfolgreiches Gesprächsklima eher schädlich. Und jetzt komme ich zu meiner Kuchentheorie. Wieso teilen wir den Kuchen nicht in gleich große Teile auf? Jeder gute Konditor macht das. Die einzelnen Stücke gleichen der Anzahl der Kommunikationsteilnehmer. Jeder bekommt einen gleich großen Anteil vom Ganzen.

Wir kennen dieses Prinzip aus der festen Redezeit bei politischen Wahlkampf-Diskussionen kurz vor dem Wahltermin im Fernsehen. Da laufen die Uhren der Kontrahenten gegeneinander. Nun kann man dieses Beispiel nicht auf jede Verhandlung herunterbrechen. Das ist auch gar nicht nötig. Wichtig erscheint mir hier der Grundgedanke. Sind Sie beispielsweise mit der Moderation einer Verhandlung betraut, spielt eine derartige Überlegung schon eine Rolle. Wichtig ist zu erkennen, dass ein großer Redeanteil einer Verhandlungsseite meist zu Lasten der anderen geht. Und hier scheint die Frage nach dem dann herrschenden Gefühl eine Rolle zu spielen.

Wenn Ihr Stück vom Kuchen eher klein ist, wird sich Ihre Redezeit unweigerlich auf Ihr Kommunikationsverhalten auswirken. Sind an Ihre Rolle bestimmte Erwartungen verknüpft, die aber nicht erfüllt werden können, wird die Verhandlung dadurch erheblich erschwert. Wenn jedoch alle Teilnehmer gebührend berücksichtigt, sollte sich dies positives auf das Gelingen auswirken. Als Beispiel sehen Sie in **Abbildung 5** eine angenommene Betriebsbesprechung mit einer Gesamtdauer von 65 Minuten. Für die einzelnen Teilnehmer wurde eine Redezeit von jeweils 10 Minuten unterstellt. Nur der Moderator hat 5 Minuten. Für die Steuerung und Leitung der Gruppe erscheint dies hypothetisch ausreichend zu sein.

Klare und einfache Worte führen zum Erfolg?
Im Kapitel über den Einflussfaktor Wissen (4.4) habe ich im ersten Unterpunkt 1 (Die Macht der Sachkenntnis) aufgezeigt, dass zahlreiche

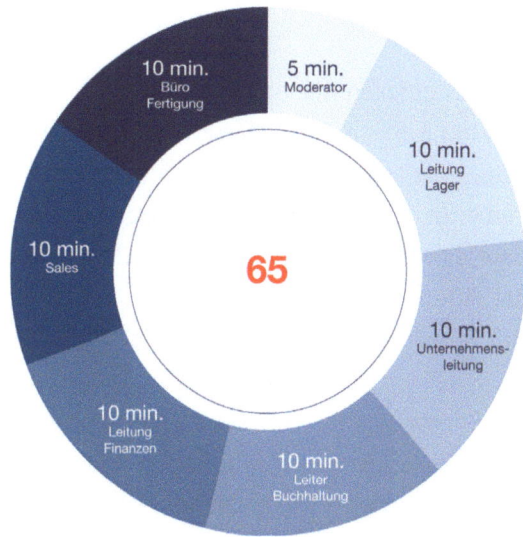

**Abbildung 5:
Die Theorie des
geteilten Kuchens**

(Grafik unter Verwendung
von Ressourcen von
Freepik.com)

Menschen dazu neigen, einfachste Sachverhalte möglichst kompliziert darzustellen. Nach dem Motto: Warum einfach, wenn es auch viel komplizierter geht? Einfachste Sachverhalte werden kompliziert formuliert, die dann für den Laien nicht mehr verständlich sind: „Es hört sich gut an, aber verstehen tut man es nicht".

Viele Beispiele kommen aus der Finanzwelt. Etliche Produkte werden einem Kunden nicht mehr erklärt. Die ständige Verwendung von neuen Schlagwörtern führt nicht zu mehr Klarheit. Wenn mir persönlich ein Berater nicht innerhalb von drei Minuten den individuellen Nutzen eines Produktes erklären kann, werde ich das Produkt nicht erwerben.

Grundsatz: Es gibt einen Satz, der viel mehr Druck auf die Gegenseite erzeugen kann als ein Schwall von Worten: „Da müssen Sie mir schon mehr bieten!"

Mit diesem einfachen Satz können Sie auf ungeübte Verhandlungspartner Druck ausüben. Ich erinnere mich an einen Mann, der vor einigen Jahren einen wichtigen Bericht erstellen musste. Wochenlang arbeitete er daran. Beim Abgabetermin erklärte sein Vorgesetzter schließlich: „Die Ausarbeitungen gefallen mir, aber sie sind nicht qualifiziert genug für eine Einreichung. Um sie einreichen zu können, müssten Sie mir schon mehr bieten." Ein halbes Jahr später hatte der Mann den Bericht nochmals überarbeitet. Er reichte den verbesserten Bericht zum zweiten Mal ein. Darauf erwiderte der Vorgesetzte: „Schon viel besser als beim letzten Mal. Aber Sie müssen mir mehr bieten." Und nochmals wurde der Bericht überarbeitet. Beim dritten Mal wurde er akzeptiert.

Fazit: Der Bericht wurde immer wieder verbessert. Hinter dieser Strategie steckt das Ziel, das Eingangsniveau zu erhöhen. Oder den Preis in eine bestimmte Richtung zu treiben. Zugeständnisse zu erlangen, bevor das eigentliche Ritual (Spiel) beginnt. Das kann auch so klingen: „Kommen Sie mir nicht mit Alltagskonditionen". Aber es gibt noch mehr Beispiele:

Beim Vorstellungsgespräch

Nach langem Hin und Her sagt der Chef: „Für die Position als Kundendienstleiter kann ich Ihnen ein Jahresgehalt von 40.000 € anbieten."
Arbeitnehmer: „Tut mir leid, da müssen Sie mir schon mehr bieten!"

Der Lehrer

- „Das geht noch viel besser."
- „Du musst dich noch mehr anstrengen."
- „Da ist immer noch Platz für Verbesserung."

(Nachfrage: Hat der Lehrer meine Arbeit überhaupt gelesen? Solche Aussagen können auch ohne größeren Einblick in die Arbeit gemacht werden.)

Was bedeutet „mehr"?

Der Wunsch nach „mehr" sagt zwar eindeutig etwas über die Haltung aus, aber nichts über die konkreten Wünsche. Hier gilt es aufzupassen, damit Sie kein zu großzügiges Angebot machen. Schließlich kann hinter dem „mehr" auch ein kleinerer Wunsch stecken.

Empfehlung: Wenn Ihr Verhandlungspartner „mehr geboten" haben möchte, fragen Sie direkt und unmissverständlich nach seinen konkreten Wünschen: „Wie viel mehr wollen Sie denn? Bitte präzisieren Sie Ihre Wünsche."

Und noch etwas: Wenn Sie selbst es sind, der etwas angeboten bekommt, legen Sie vorher Ihre Vorstellungen möglichst detailliert fest. Versuchen Sie, das Anfangsgebot recht hoch anzusetzen:

„Ja, unter … kann ich mir einen Deal aktuell nicht vorstellen."

Denken Sie stets daran, dass fehlendes Verhandlungsinteresse und aufgesetztes Desinteresse Ihrer Gegenseite nachteilig für Sie ist. Also Vorsicht und Obacht! Mehr Informationen dazu gibt es in dem Abschnitt 4.2 „Keine Lust mehr, zu verhandeln/verkaufen" weiter oben.

5 Die wichtigsten Grundlagen für erfolgreiches Verhandeln

5.1 Der Weg: Phasen eines Prozesses

Mittlerweile wissen Sie, dass ich versuche, komplizierte Sachverhalte so einfach wie möglich darzustellen. Auch beim Verhandeln spielt einfache Kommunikation eine zentrale Rolle. Besonders gut gelingt das, wenn wir uns in die Ausgangslage unseres Gesprächspartners versetzen. Eine andere Möglichkeit ist, wenn wir uns überlegen, wie wir einem Kind unsere neue Technik oder Produkte erklären könnten. Je einfacher und klarer wir das machen, umso besser werden wir verstanden.

„Es stellt sich nicht die Frage, mit wem man redet, sondern wer einem zuhört und was letztlich verstanden wird", zu diesem Schluss bin ich nach jahrzehntelanger Gesprächspraxis gekommen. Allen Gesprächen gleich ist stets die Tatsache, dass ein jeder die geäußerten Worte anders versteht.

Die Übermittlung oder die Sicherstellung von Verhandlungswissen ist äußerst wichtig für alle beteiligten Verhandlungspartner. Dient sie doch dem positiven Einstieg und dem weiteren Fortgang der Verhandlung. Ihre Lenkungsfunktion wird bei fehlendem Verständnis oder falsch verstandenen Inhalten beeinträchtigt oder gehemmt. So wundert man sich nicht selten, was denn der Verhandlungspartner gerade verstanden hat. Sie hatten es doch vernünftig erklärt. Aber hat er es auch richtig verstanden? Dies sollten Sie während des ganzen Verhandlungsprozesses sicherstellen. Schon jetzt ahnen Sie vielleicht, wie wichtig eine kurze Zusammenfassung des ausgehandelten Verhandlungstandes ist.

Für eine pragmatische Entscheidungsfindung wird naturgemäß aktuelles Wissen benötigt. Schließlich wollen Sie Wesentliches von Unwesentlichem trennen. Dieses Wissen erlangen Sie meist durch Kommunikation mit Ihren Verhandlungspartnern. Ein effektives Werkzeug dafür ist die Kunst, geschickt Fragen zu stellen. Auf dieses Thema werde ich gleich noch verstärkt eingehen. Jetzt soll es erst einmal um das Ziel der Verhandlung gehen. Hauptziel vieler Verhandlungen ist der erfolgreiche Abschluss. Den nun folgenden Gedanken sollten Sie bei Ihren Strategien berücksichtigen:

Grundsatz: Dem Kunden muss es nach dem Abschluss besser gehen als vorher.

Dieser Grundsatz sollte Ihre Handlungsmaxime sein. In Kapitel 3 (Bausteine des erfolgreichen Verhandelns) habe ich bereits erklärt, dass der Verkauf eine signifikante Aufgabe oder Rolle im Gesamtgeschehen eines Unternehmens hat. Ich habe den Verhandlungsprozess in einzelne Aspekte gegliedert, um ihn anschaulicher zu machen. **Abbildung 6** zeigt, welche einzelne Phasen aufeinander aufbauen.

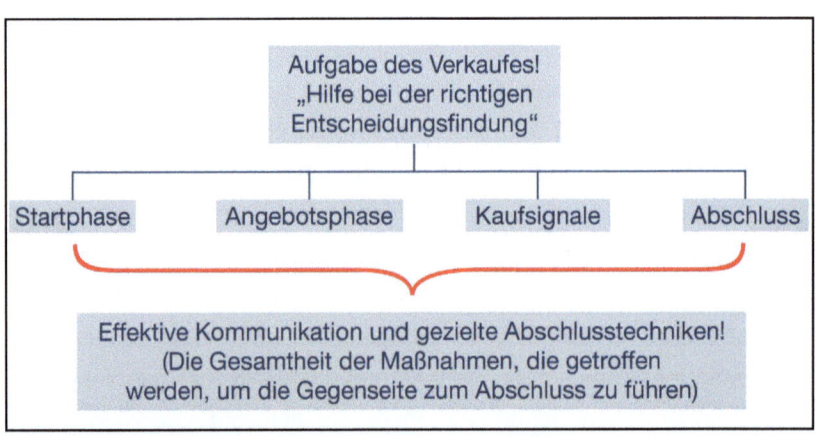

Abbildung 6: Aufbauende Phasen beim Verhandeln   (© Norbert Wessels)

Am Anfang (Startphase) einer jeden Verhandlung steht nicht selten eine Idee, ein Mangel, ein Wunsch, ein Gedanke oder ein Bedürfnis.

Hierzu gibt es eine ausgezeichnete Formulierung: „Der Unterricht beginnt im Kopf des Lehrers." Vieles von dem, was uns in der heutigen Realität begegnet, begann vielleicht mit einem einzigen Gedanken. Denken Sie nur an die wundervollen Bauwerke Ihrer Stadt.

Eine befreundete Lehrerin erzählte mir einen Sachverhalt, der diese Auffassung untermauert. Es kam vermehrt vor, dass sie für kranke Kollegen einspringen musste. Darunter waren auch Klassen, in denen sie üblicherweise nicht unterrichtete. Also eilte sie zu der entsprechenden Klasse, um sie zu unterrichten. Sie war zwar auf derartige Übernahmen eingestellt, aber bei der Vielzahl an Vertretungen war eine umfassende Vorbereitung nicht möglich. Die Folge war, dass sie sich spontan etwas hat einfallen lassen musste, was auch sehr gut funktionierte. Sie nannte ihre Strategie „Türschwellenpsychologie". Wenn sie die Schwelle des Klassenzimmers übertrat, fing sie bereits mit dem Unterricht an.

Als ich den Erfahrungsbericht meiner Bekannten zum ersten Mal hörte, wurde mir klar, dass diese Tatsache für viele unterschiedliche Situationen und natürlich auch für das Verhandeln genutzt werden kann. Man hat es also in der Hand, wie ein Gespräch beginnt oder beginnen kann. Der Einstieg sollte demnach für einen positiven und harmonischen Verlauf sorgen.

Derjenige, der mit der Kommunikation beginnt, hat einen wertvollen Vorteil. Dieser Vorteil zeigt sich unter anderem auch beim Telefonieren (Outbound-Gespräch). Er liegt überwiegend im Überraschungseffekt. Der angerufene Kunde ist auf einen Anruf meist nicht so gut vorbereitet wie der Anrufende.

Grundsatz: Der bestmögliche Beginn von Gesprächen und Verhandlungen ist der Einstieg. In diesem frühen Stadium kommt es bereits zu Gefallen oder Nichtgefallen. Kleine Gesten können hier schon den Ausschlag geben.

Auch wenn noch kein Wort gesprochen wurde, so wirkt dennoch die Körpersprache oder die Stimme. Die noch fremde Person wird mit Vergleichspersonen aus der Vergangenheit abgeglichen und eingeordnet. Erst im weiteren Verlauf der Verhandlung lichtet sich langsam der Vorhang, und wir lernen die bislang fremde Person besser kennen. Vorgefasste Einschätzungen bestätigen oder verlieren sich. „Oh, der ist doch viel netter, als ich anfangs dachte." Daher haben jene, die stets freundlich, zuvorkommend und neutral wirken, oftmals einen Wettbewerbsvorteil.

Über effektive Kommunikation und gezielte Abschlusstechniken wird der Prozess begleitet und gesteuert. Der Prozess durchläuft unterschiedliche Abschnitte, wie sie in Abbildung 6 zu ersehen sind. Nach dem Start geht es in die Angebotsphase. Danach kommt es zum Erkennen von Kaufsignalen. Final folgt der krönende Abschluss. Der ganze Prozess im Verkauf steht unter dem Motto: „Hilfe bei der richtigen Entscheidungsfindung". Dieses Modell deckt sicherlich nicht jeden erdenklichen Aspekt ab, ist aber für den Einstieg in das erfolgreiche Verhandeln hilfreich.

Fragen wir uns weiter: „Was sind denn große Hürden beim Verhandeln oder im Verkauf?" Meist ist es fehlendes Wissen. Etwa darüber, was die Ausgangslage Ihres Gegenübers ist. Am Anfang wissen Sie von Ihrem Gegenüber nichts. Auch wenn Sie in der Vergangenheit aufgrund Ihrer Erfahrung sehr oft recht hatten, ist doch jede Verhandlungssituation unterschiedlich zu werten.

Grundsatz: Effektive Kommunikation gepaart mit gezielter Abschlusstechnik ist nur möglich, wenn fremdes Wissen bekannt geworden ist. Entweder erklärt die Gegenseite ihre Ausgangslage selbst oder Sie müssen das Geheimnis noch lüften. Am besten geht dies, wenn Sie gezielte Fragen stellen. Denn wer fragt, führt ein Gespräch.

5.2 Angst vor Verhandlungen

Wir kommen nun zu einem weiteren wichtigen Punkt. Viele von uns haben generell Angst vor einer Verhandlung. Wenn wir es nicht gewohnt sind zu verhandeln, erscheint jede Verhandlung erst einmal als schwierig. Zum größten Teil resultiert dies aus der Tatsache, dass wir hierfür keine Routine erlernt oder entwickelt haben. Außerdem denken manche: „Wichtige Verhandlungen werden immer von anderen geführt. Sie brauchen eben ihre Zeit und ihren Ort".

An dieser Stelle sei angemerkt, dass die Einschätzung einer Verhandlung oder Verhandlungssituation die halbe Miete sein kann. Verhandlungsprofis haben sicherlich einen wesentlichen Vorteil. Sie schöpfen aus einem breiten Erfahrungsschatz. Die Erfahrung zeigt aber auch, dass für den Verhandlungsverlauf und Erfolg Ihre geistige Grundhaltung mitverantwortlich ist.

In der Vergangenheit wurde ich des Öfteren darauf angesprochen, wie man mit Ängsten vor Verhandlungen umgehen kann. Angst wirkt wie ein Hemmnis. Sie verhindert oftmals sogar die Aufnahme oder die Führung von Verhandlungen. Viele haben einfach Angst davor, eine Verhandlung anzugehen und vermeiden sie, wo sie nur können.

Angst kann man nicht wegdiskutieren oder ignorieren. Sie ist ein wesentlicher Bestandteil unseres Lebens. Sie schützt uns vor Dingen, die gefährlich für uns sein können. Spezielle Ängste sind nur durch Übung und Angehen der konkreten Angst zu bewältigen.

Wenn Sie Angst vor einer speziellen Situation beim Verhandeln haben, dann sollten Sie sie besonders oft üben. Die praktische Wiederholung stärkt Ihre Verhandlungsdisziplin und minimiert Ihre Angst.

Angst vor einer Verhandlung rührt oftmals aus der Unkenntnis über Verhandlungsstrategien und aus dem Fehlen von positiven Verhandlungserfolgen. Dies ist im Übrigen auch immer Bestandteil meiner Workshops.

Grundsatz: Die ständige Mehrung von neuem Verhandlungswissen und Ihr praktisches Training führen zu neuer Verhandlungsstärke.

Menschen, die es gewohnt sind, ständig zu verhandeln, interessieren sich dafür, welche Verhandlungserfolge und Verläufe sich bei welchen Techniken einstellen und was so alles bei Verhandlungen passieren kann. All das kennt der Ungeübte nicht. Wer allerdings einmal in die Welt der Verhandlungskunst eingetaucht ist, wird offen für neue interessante Ansätze.

5.3 Zur richtigen Zeit das Richtige sagen

Häufig besteht auch Angst vor der Kommunikation selbst. Wenn wir über Angst philosophieren, möchte ich an dieser Stelle auf Dale Carnegie (geboren 1888 in Maryville, verstorben 1955 in New York) zu sprechen kommen. Carnegie war ein amerikanischer Kommunikations- und Motivationstrainer im Bereich des positiven Denkens. Er kam aus einfachen Verhältnissen. Seinen Lebensunterhalt verdiente er sich durch den Verkauf von Lkws. Eigentlich missfiel ihm diese Tätigkeit. Um Lehrer zu werden, studierte er am staatlichen Lehrerkolleg in Missouri. Seine Bewerbungen an zwei Universitäten, an denen er Abendkurse in freier Rede halten wollte, scheiterten. Daraufhin engagierte er sich in Manhattan im Christlichen Verein Junger Menschen. Auf eigene Faust entwickelte er Weiterbildungskurse. Sein Ziel war die Vermittlung von Fähigkeiten freien Sprechens, der Aufbau von Selbstvertrauen und die Förderung einer positiven Lebenseinstellung.

Obwohl er nicht mit dem Millionär Andrew Carnegie verwandt war, konnte er bereits 1916 in der legendären Carnegie Hall vor vollem Haus auftreten. Seine größten Bucherfolge sind die Klassiker „Wie man Freunde gewinnt" (1937) sowie das Buch „Sorge dich nicht, lebe" (1948). Beide Bücher möchte ich Ihnen wärmstens empfehlen. Es gibt

Tausende von Büchern, die man lesen kann, aber diese beiden Bücher lohnen sich wirklich.

Dale Carnegie hatte seinerzeit bereits einige Kritiker. Das ist bis heute so geblieben. Meiner Meinung nach können wir aber heute noch viel von seinen Ideen lernen und profitieren. Mir haben sie sehr viel gegeben. Ich werde noch ein paar Mal auf ihn zu sprechen kommen. Im Bereich der freien Rede beispielsweise geht er auch auf die Angst ein, die viele Redner vor einer Rede haben, und zeigt, wie wir damit umgehen können.

Carnegie entwickelte unter anderem ein Training in 14 Kursabenden für Kommunikation und Mitarbeiterführung. An einem dieser Trainings habe ich selbst im Jahre 1988 in Münster teilgenommen, bei einem in seiner Methode ausgebildeten Coach.

Ein Teilziel des Trainings war die Verbesserung der persönlichen Redefähigkeit. Folglich wurden auch in diesem Training verschiedene Aspekte der freien Rede thematisiert. So hatte jeder Kursteilnehmer die Aufgabe, sich für den kommenden Kursabend vorzubereiten. Ich sollte von einem Erlebnis berichten, aus dem ich etwas gelernt hatte. Dies sollte ich dann vor der ganzen Gruppe in Form einer zweiminütigen Rede präsentieren. Aus meinen persönlichen Erfahrungen war eine passende Geschichte schnell gefunden. Sie dann aber am nächsten Kursabend der ganzen Gruppe zu präsentieren, erforderte eine Menge Mut.

Das wöchentliche Trainingsprogramm war besonders für Teilnehmer geeignet, die selten die Möglichkeit hatten, vor einer größeren Menschenmenge zu sprechen. Damit wird klar, dass nur die Wiederholung, die Übung, dazu führen kann, die Redeangst zu minimieren. Sollten Sie die Absicht verfolgen, ein erfolgreicher Redner zu werden, dann wäre es nicht schlecht, jede nur erdenkliche Möglichkeit zu nutzen, vor Menschen zu sprechen.

Empfehlung:
Lassen Sie Ihre aktuelle Redefähigkeit durch eine neutrale dritte Person überprüfen. Vielleicht ist dies Ihre Frau, Freundin oder ein guter Freund. Suchen Sie sich am besten jemanden aus, der selbst schon gut reden kann. Die Aufgabe dieser Mentoren ist die konstruktive Beurteilung Ihrer Fähigkeit. Nicht die Suche nach Fehlern, sondern das Aufspüren von Aspekten, die ausbaufähig erscheinen.

Seinerzeit hatte ich nur ein sehr begrenztes Vokabular. Das brachte mich zu der Überzeugung, dass ich mehr lesen musste. Gedacht, getan. In den nächsten 20 Jahren las ich intensiv. Allerdings waren es ausschließlich Themen, die mich auch wirklich interessierten. Vereinfacht gesagt vergrößert jedes Wort, das Sie kennen, Ihre Fähigkeit, sich auszudrücken. Menschen, die sich gut artikulieren können, verdienen in der Regel auch mehr Geld.

Heute denke ich, dass Lesen ein wunderbarer Ansatz war oder ist, den eigenen Wortschatz zu vergrößern. So war es jedenfalls bei mir. Durch die ständige Wiederholung von kleinen Reden wird die Disziplin geschult. Aber vielleicht benötigen Sie ja kein so großes Training, wie ich seinerzeit. Carnegie wusste übrigens sehr genau, dass die Angst vor einer Rede stets vorhanden ist. Ein geschultes Vorgehen sollte hier Abhilfe leisten.

Kommen wir zuletzt noch zur Angst vor unangenehmen Terminen. Sicherlich gehören dazu auch Verhandlungen. Wie gehe ich selbst mit Problemen und Ängsten um? Das möchte ich Ihnen an dieser Stelle verraten. Nehmen wir an, ich habe einen unangenehmen Termin vor mir. In zehn Minuten beginnt das Gespräch. Meine Stimmung wird immer schlechter, je näher der Termin rückt. Wie sieht nun meine Lösung hierfür aus? Ich überlege kurz vor Gesprächsbeginn, wann das Gespräch wohl beendet sein wird. Meistens kann ich in etwa abschätzen, wann dies sein wird – oft sind es sechzig Minuten. Ich sage mir dann:

„Nach einer Stunde komme ich aus dem Gespräch wieder heraus." Ich denke bewusst an das Ende. Oder an die dann folgende Zeit, ein Event, einen Film oder eine Fernsehsendung. Ich überspringe gedanklich das unangenehme Ereignis und gehe zu den nachfolgenden Dingen in der Zukunft. Wenn der nächste Tag schwierig zu werden verspricht, frage ich: „Wie wird es wohl in 24 Stunden sein?" Dieser simple gedankliche Sprung hilft mir immer. Der anstehende Termin verliert hierdurch seine Wichtigkeit. Nach dem unangenehmen Gespräch bin ich immer wieder verdutzt über den Effekt dieser gedanklichen Steuerung. Gut, man muss diese Technik lernen. Aber alles, was einem persönlich hilft, ist es wert, erlernt zu werden. Schließlich entscheiden Sie in Ihrem ganzen Leben ständig, welchen Wert Sie einer Sache zugestehen.

Aktuell laufe ich jeden Tag sechzig Minuten auf meinem neuen Laufband. Es steht in unserem Schlafzimmer. Es erlaubt mir, täglich zu trainieren, unabhängig von Witterung und Uhrzeit. Sechzig Minuten auf dem Band können sich aber auch ganz schön ziehen. Wie gehe ich mit dieser Zeitspanne am besten um? Wenn ich jede Minute auf der Zeitanzeige verfolge, vergeht die Zeit nicht oder nur sehr langsam. Also fing ich eines Tages an, mir die Zeit gedanklich einzuteilen. Mein erstes Ziel waren fünf Minuten und fünfundfünfzig Sekunden. Dreimal fünf, eine Schnapszahl. Dann ging ich über zu zehn Minuten. Zehn Minuten waren aber auch gleichzeitig bereits ein Sechstel der Gesamtdauer. Dann folgten 11.11, 15.00 (¼), 22.22, 33.33 und so weiter. So hangelte ich mich von einem Zeitkorridor zum nächsten. Bei dieser Vorgehensweise fiel mir auf: Wenn ich über andere Dinge intensiv nachdachte, verging die Zeit noch schneller!

Ich schlussfolgerte, dass es von entscheidender Wichtigkeit ist, welchen Zeitraum ich einer Sache gedanklich zubillige. Ich kann eben so oder so darüber denken. Genau diesen Gedanken ließ William Shakespeare seinen Hamlet im vertrauten Gespräch unter Freunden sagen: „an sich ist nichts weder gut noch böse, das Denken macht es erst dazu. [1]" Also entscheiden Sie sich bitte! Gott gab uns den freien Willen. Daraus folgte die Qual der Wahl. Treffen Sie bitte eine gute Wahl.

5.4 Von der Kunst des Fragens

Um Fragen stellen zu können, ist es nötig, sich auf sein Gegenüber einzulassen. Schon bei diesem Punkt haben viele Menschen bereits grundsätzliche Schwierigkeiten. Wenn es um das Verhandeln gehen soll, ist natürlich zu überlegen, wie hoch dieses Interesse am Gegenüber sein muss. Sie werden mit der Zeit immer besser einschätzen können, welche Energie Sie in eine derartige Kommunikation investieren wollen.

„Beurteile die Menschen eher nach ihren Fragen als nach ihren Antworten", schrieb Voltaire in seinem „Philosophischen Wörterbuch" (1764). Besser kann man es wohl kaum ausdrücken. Schauen wir uns eine Verhandlungsführung etwas genauer an. Ein Fehlen von konkreten Fragen kann dazu führen, dass Ihr Gegenüber den Eindruck hat, es fehle bei Ihnen an wahrem Verhandlungsinteresse. Dieses Gefühl lässt den Fortgang stocken oder führt sogar zum Abbruch.

Die aktive Einforderung von Verhandlungsinhalten sichert und fördert die Weiterführung einer Verhandlung. Wobei dieses Bemühen von beiden Verhandlungspartnern ausgehen sollte. Die konsequente Entwicklung von Fragen führt zu notwendigem Wissen. Und das wird von beiden Parteien benötigt. Informationen, die für den weiteren Gang einer Verhandlung benötigt werden. Um zum Beispiel den Verhandlungsprozess immer wieder neu anzustoßen. Zielführend ist Wissen, das Ihre Argumente speist und Ihnen hilft, auf eine Entscheidung hinzusteuern.

Eine Redensart besagt, dass uns nur noch der Glaube helfen kann, wenn die Grenzen des Wissens erreicht worden sind. Meine langjährige Verhandlungserfahrung bestätigt das, wenn wir „Glaube" durch

---

1 Shakespeare, William: Hamlet. Reclam, Stuttgart, 1990, S. 42

„Spekulationen" oder „Mutmaßungen" ersetzen. In vielen Gesprächen wird hineininterpretiert und gemutmaßt, wo es nur geht. Mal liegt man richtig und mal liegt man falsch mit seinen Einschätzungen. Leisten können wir uns dieses Spiel mit den Annahmen oder Vermutungen allerdings nicht. Oftmals hängt zu viel von einzelnen Verhandlungen ab, als dass man sie auf reines Herumspekulieren reduzieren sollte. Die nun folgende Kernfrage scheint immer noch die Basis vieler Verhandlungen zu sein:

„Was sollten wir, oder besser noch, was MÜSSEN wir wissen?"
Für einen Makler lohnt es sich zum Beispiel nicht, zahlreiche Besichtigungen mit einem Kunden durchzuführen, der finanziell nicht in der Lage ist, eine Finanzierung auf die Beine zu stellen. Also ist es sehr ökonomisch, schon im frühen Stadium von Verhandlungen einen möglichen Kunden auf seine Bonität hin zu überprüfen. Aber dafür benötigen Sie „Wissen". Entweder aus einer Schufa-Auskunft, aus Einkommensnachweisen oder aus ersten vorsichtigen Äußerungen Ihres Kunden. Schufa und Einkommensnachweis können in einem führen Stadium von neuen Kundenkontakten problematisch sein. Daher würde ich Ihnen raten, sich für solche Situationen gut vorzubereiten. In Kapitel 9, „Expertisen aus der Finanzpraxis", erkläre ich in der Kurzgeschichte „Das Schnäppchen", wie im frühen Stadium einer neuen Kundenbeziehung die Bonität überprüft werden kann.

Aus meiner Erfahrung eignen sich die folgenden zwei Fragen optimal für die Beschaffung von Informationen. Ein Beispiel aus dem Maklergeschäft:
1) Wie lange suchen Sie schon?
2) Wie viele Immobilien haben Sie sich schon angeschaut?

Erklärung zu Frage 1: Sie wollen wissen, welchen Zeitaufwand dieses Paar bereits aufgebracht hat. Damit erfahren Sie mehr darüber, wie ernsthaft die Kaufabsicht ist. Es ist ein Unterschied, ob immer mal wieder gesucht wird oder ob konkrete Umstände einen Erwerb notwendig machen.

Erklärung zu Frage 2: Diese Frage soll klären, an welchem Punkt des Kaufprozesses sich das Paar gerade befindet. Steht das Paar am Anfang einer Entscheidungsfindung oder hat man schon fünfzehn Immobilien besichtigt?

Paar-Psychologie

Wo wir gerade beim Fragen sind, möchte ich noch einen wichtigen Aspekt erwähnen. Was ist eigentlich, wenn Sie es mit zwei Personen zu tun bekommen? Zum Beispiel ein Paar. Unterstellen wir weiter, dass Sie überhaupt nichts von den beiden wissen. Vor Ihnen stehen also ein Mann und eine Frau. Es gibt natürlich weitere Möglichkeiten der Paarbildung. Allerdings wollen wir uns hier auf Mann und Frau konzentrieren, wobei die hier vorgestellten Empfehlungen auf alle mögliche Paarvarianten anwendbar sind. Eine weitere wichtige Frage, die Ihnen jetzt durch den Kopf schießen sollte, ist: Wer von beiden hat das Sagen?

Wieso ist das so wichtig? Schließlich sollte doch jeder Partner gleich gut behandelt werden. Richtig. Aber wäre es nicht sinnvoll zu wissen, wer nach der Besichtigung das entscheidende Wort hat? Hören wir hierzu mal die Argumente einer Frau: Bist du wahnsinnig, wer soll einen so großen Flur putzen? Hast du mal die Fenster gezählt? Sind der Garten und die Garage nicht viel zu groß? Willst du wirklich jetzt anfangen, unsere Reparaturen selbst durchzuführen oder wofür braucht es einen so großen Werkkeller? Sind die Kinderzimmer nicht zu klein? Und was ist mit meinem Ankleidezimmer? Es ist immer wieder erstaunlich, wie unterschiedlich die Sichtweisen von Männern und Frauen sein können. Aber kommen wir zurück zur Ausgangsfrage. Merken Sie, wie wichtig es ist, zu wissen, was den Einzelnen motiviert, etwas zu erwerben?

Solange Sie nicht genau wissen, wer von beiden das Sagen hat, tappen Sie im Dunkeln. Vielleicht hilft es Ihnen, zu erfahren, dass es fast immer die Frauen sind. Dies gilt im Übrigen auch für die Partnerwahl – auch wenn einige Männer immer noch glauben, dass sie es sind, die die Frauen auswählen. Was die Partnerwahl mit dem Verhandeln zu tun hat, wird in „Liebe, Macht und Leidenschaft" von Wolfgang Krüger eindrucksvoll erklärt, eine sehr erhellende Lektüre über den Machtanspruch in der Partnerschaft (siehe „Literaturempfehlungen").

Grundsatz: Sie sollten mit der Überprüfung der Machtverhältnisse sehr früh anfangen, indem Sie beispielsweise eine Verfahrensfrage stellen.

Verfahrensfragen sind zum Beispiel „Kann ich die Fenster öffnen?", „Möchten Sie rauchen?", „Darf ich Ihnen etwas zu trinken anbieten?" oder „Wollen Sie ablegen?". Achten Sie genau auf die Reaktionen! Sicherlich wird Ihnen auch die Körpersprache oder die Kleidung einige Information über die Machverhältnisse geben. Wie stehen die beiden zueinander? Wer sagt, was gemacht wird? Aber Vorsicht, wenn das Paar vom männlichen Teil dominiert wird. Die Überprüfung erfordert eine sensible und feinfüllige Erforschung der Verhältnisse. Sollten Sie den Fehler machen, die dominante Seite der Partnerschaft zu unterschätzen oder sogar gegen sich zu haben, werden Sie höchstwahrscheinlich das Paar verlieren.

Aus meiner Erfahrung darf ich Ihnen sagen, dass Sie bei Paaren höllisch aufpassen müssen, keine Fehler zu machen. Sollten Sie allerdings diese Kunst beherrschen, können Sie Ihre Verkaufsargumente zielgenau platzieren: ein unschätzbar großer Vorteil für alle Verhandlungen.

Die folgende Geschichte ist mir selbst passiert. An einem Samstag im Autohaus zeigte ich einer interessierten Frau verschiedene Fahrzeugtypen. Mittlerweile war es bereits 14.15 Uhr geworden und eigentlich war schon längst Feierabend. Am Ende des Verkaufsgesprächs überreichte ich der Kundin aktuelle Verkaufsprospekte. Als Letztes teilte ich ihr mit, sie könne die Unterlagen noch mit ihrem Mann studieren. In diesem Augenblick sagte mir eine innere Stimme, dass diese Frau keinen Mann hatte. An ihren Augen konnte ich sehen, dass mir da ein großer Fehler unterlaufen war und ich in ein Fettnäpfchen getreten war. Ich habe sie danach nie wieder gesehen.

Empfehlung: Wichtig bei den vorstehend beschriebenen Fragen sind immer die Antworten. Deshalb müssen Sie schweigen und gut zuhören, sobald Sie Ihre Frage gestellt haben.

Das Einzige, was Sie jetzt noch tun sollten, sind kurze weiterführende Fragen stellen. Sie werden sich wundern, was Ihnen so alles mitgeteilt wird. Wichtig für alle Makler ist noch Folgendes: Suchende Paare erzählen gern von anderen Besichtigungen. „Kennen Sie das Haus in der Goethestraße, dieser grüne Bungalow mit den gelben Dachziegeln? Einfach zu teuer, aber eine durchdachte Aufteilung des Erdgeschosses. Eine schöne Immobilie, wenn nur nicht der Preis so hoch wäre und die Heizung erneuert werden müsste."

Auch wenn Sie das Objekt noch nicht kennen, könnten Sie ja mal mit dem Verkäufer sprechen. Ihre Konkurrenz gibt bekanntlich auch eine Menge Geld für die Akquisition von neuen Immobilien aus.

Kommen wir zu den zwei Fragen und ihren Motiven zurück. Wie realistisch sind die Erwartungen? Gibt es eine Immobilie für 100.000 € mit Seeblick, mitten in Berlin? Oder wird nach einem neuen Porsche 911 für 1.000 € gesucht? Ich kann auch von Interessenten berichten, die es sich zum Hobby gemacht haben, Besichtigungen durchzuführen. Oder von Autofahrern, die einfach gern mal einen Sportwagen fahren wollen. Am besten am Wochenende. Für umsonst, versteht sich. Eine Probefahrt wäre hierfür doch optimal. Als der VW-Phaeton neu auf den Markt kam, wurden speziellen Kunden Probefahrten angeboten, wobei im Vorfeld genau selektiert wurde, wer einen bekam.

Es gibt noch einen weiteren allgemeinen Denkansatz zu der Bedeutung, Fragen zu stellen. Was ist das Besondere an einer Frage? Die Antwort: Das hat mit dem natürlichen, menschlichen Verhalten zu tun. Menschen reden lieber, als dass sie zuhören. Zudem schenken viele einer Frage mehr Aufmerksamkeit als einer Feststellung.

Wir können Menschen mit Fragen sehr wirkungsvoll aus der Reserve locken, sie zum Reden animieren, damit sie uns etwas verraten, das wir nicht wissen. Denn uns selbst geht es ja nicht um die Fragen, sondern um die Antworten, die wir noch nicht kennen.

Was erreichen Sie, wenn Sie die richtigen Fragen stellen?
- Fragen schaffen eine positive Verhandlungsatmosphäre.
- Sie erhalten Informationen über Resultate und Fortschritte.
- Fragen können Risiken, Probleme und Verstimmungen offenbaren.
- Sie wirken offen, können aber trotzdem an Ihrem Verhandlungsziel arbeiten.
- Sie können die Themen steuern, das Gespräch besser führen und kontrollieren.
- Sie bekommen eine Ahnung von den Vorstellungen und Meinungen Ihres Gegenübers.

Weshalb fällt es uns so schwer, Fragen zu stellen?
- Im Laufe der Zeit hat man es vielleicht verlernt.
- Eine Gesprächsführung durch Fragen wurde uns nicht beigebracht.
- Als Kind hörten wir: „Stell nicht so viele Fragen" oder „Wenn jemand Fragen stellt, dann bin ich es."

Offene Fragen
Offene Fragen beginnen immer mit einem „W". Wer, was, wie, warum, weshalb, wodurch, und so weiter. Der große Vorteil liegt in der Einladung zur offenen Kommunikation. Nachteilig ist meist der große Zeit-

aufwand, der mit ihnen verbunden ist. Außerdem besteht die Gefahr, dass das eigentliche Thema aus dem Blick gerät und man sich in nicht enden wollenden Nebensächlichkeiten verliert.

Eine Sonderform stellt die Warum-Frage da. Wird sie beispielsweise in einem herablassenden oder gar verurteilenden Ton gestellt, führt sie oftmals zu Bedrängnis. Kommt es dann zu wiederholten Warum-Fragen, entsteht der Eindruck eines Verhörs. Sie kennen sicherlich Kinder in einem bestimmten Alter, die ständig warum, warum, warum fragen.

Die Warum-Frage kann sehr nützlich sein, allerdings sollte sie dosiert und ohne herablassenden Unterton eingesetzt werden. Anderenfalls kann sie den Befragten an den Rand der Verzweiflung bringen.

Geschlossene Fragen

Diese Fragen beginnen in der Regel mit einem Verb und können meist nur mit Nein oder Ja beantwortet werden:

- „Ist dies …?"
- „Wann ist die …?"
- „Haben Sie die Rechnung …?"
- „Bleiben Sie heute Abend …?"

Der Vorteil dieser Frageform liegt in ihrer meist kurzen Antwort. Hinzu kommt, dass diese Fragen nicht lange dauern und die Antworten nicht auf sich warten lassen, da sie keine großen Erklärungen erfordern. Außerdem können Sie mit diesen Fragen das Gespräch sehr gut lenken. Sie eignet sich besonders gut für kurze Gespräche. Nachteilig ist ihr geringer Informationsgehalt.

Noch immer sind wir auf der Suche nach dem fremden Wissen, das wir für unsere Verhandlung brauchen. Neben den beiden Frageformen (offen/geschlossen) gibt es weitere vielversprechende Ansatzmöglichkeiten, speziell für Verhandlungen, die ein wenig stocken oder sehr zäh verlaufen. Derartige Verläufe müssen immer wieder neu angestoßen werden. Daher ist es gut, über eine Vielzahl von unterschiedlichen Fragetypen zu verfügen, die ich als **Spezialfragen** bezeichne.

Spezialfrage 1: Frage nach Meinungen, Ansichten und Reaktionen

Beispiele für diesen Fragentyp: Und was passierte dann? Wie stehen Sie dazu? Wie hat Ihr Unternehmen darauf reagiert? Was hat Sie dazu bewogen, so zu reagieren? Diese Fragen sind immer besser, als eigene Kommentare abzugeben. Auch wenn Sie Gefahr laufen, nur wenig Information zu erlangen. Das Fragen gleicht einem Informationsspiel. Menschen geben allerdings oft bereitwillig Auskünfte, wenn sie dazu aufgefordert werden. Probieren Sie es aus. Sie werden sich wundern.

Ein kleines Problem kann sich ergeben, wenn Ihr Gegenüber eine längere Zeit keinen guten Zuhörer mehr hatte. Die besondere Möglichkeit, sich jetzt mitteilen zu können, wird ihm sehr gefallen. Schenken Sie ihm doch die Anerkennung, auf die er so lange verzichten musste. Als Dank wird er Ihnen von Sachverhalten und Erfahrungen berichten, die Sie noch nicht kannten. Am Ende bereut er es vielleicht, zu redselig gewesen zu sein. Bei der Schilderung von Mitteilungen sollten Sie also vorsichtig sein. Allerdings macht Sie neues Wissen auch interessanter als Gesprächspartner.

Die folgende kurze Übersicht aus meinem Fragenkatalog können Sie je nach Verhandlungslage so oder in angepasster Form nutzen:

- Wie denken Sie über …?
- Wer sind ihre besten Kunden?
- Wer sind Ihre schlechtesten Kunden?
- Was hat Sie dazu bewogen, zur Firma ABC zu wechseln?
- Was müssten wir tun, um Sie als neuen Kunden zu gewinnen?
- Was hat andere Kunden bewogen, Sie als Lieferant zu wählen?
- Was hat Sie in der Vergangenheit am meisten am Service gestört?

Spezialfrage 2: Motivationsfrage

„Was sagen Sie als Experte zu diesem Thema?" Mit dieser Frage motivieren Sie Ihr Gegenüber, sich über ein bestimmtes Thema zu äußern. Viele werden diese Aufforderung gerne zu Anlass nehmen, sich zu äußern. Es ist eine typische Moderatorenfrage. Diese Frage soll dazu motivieren, viel Wissen und Meinungen preiszugeben.

Spezialfrage 3: Fangfrage

„Sie wissen nicht, ob ein Elternteil bereits verstorben ist?"
„Was sagt Ihre Familie dazu, dass Sie jetzt am Abend arbeiten?"
„Sie wissen nicht, wo Ihr Führerschein ist?"
„Wo haben Sie geparkt?"

Spezialfrage 4: Kaiserfrage

Dieser Fragetyp wurde nicht nach einem Kaiser benannt, sondern hat ihren Namen wegen ihres besonderen Charakters. Wenn Sie so wollen, thront sie über den vielen anderen Fragetypen. Besonders beliebt ist sie bei **Vorstellungsgesprächen**.

Eine Bewerbung oder Verhandlung sollte im Vorfeld gut geplant werden. Für das Vorstellungsgespräch bekommen Sie keine zweite Chance. Daher sollten Sie sich auf alle möglichen Fragen und Antworten gut vorbereiten. Es folgen nun einige beliebte Beispiele:

Frage: „Wieso haben Sie sich bei uns beworben?"

Antwort: „Unter der Vielzahl von Stellenanzeigen erscheint Ihre Ausschreibung sehr interessant zu sein. Sie schreiben ..."

Frage: „Warum sollen wir gerade Sie einstellen?"

Antwort: „In den vergangenen Vorstellungsgesprächen war meine langjährige praktische Erfahrung immer ausschlaggebend. Im Einzelnen sind dies ..."

Wir gehen immer von unserer persönlichen Ausgangslage aus. Aber beim Verhandeln wollen wir schließlich zu Profis werden. Deshalb drehen wir jetzt den Spieß gedanklich einfach um. Wenn Ihr Verhandlungspartner nach Ihrer USP („unique selling position") fragt, will er wissen, über welche besonderen Fähigkeiten Sie verfügen. Sie sind ja nur einer von vielen. Dass Ihr Gesprächspartner auch nur einer von vielen ist, stimmt natürlich genauso. Nur wird das natürlich nicht thematisiert. Was meinen Sie wohl, was passieren würde, wenn Sie ihn fragen würden, wo denn seine USP ist, also zum Beispiel „Worin liegt denn Ihr Wettbewerbsvorteil, worin sind Sie so gut und unschlagbar im Vergleich zu anderen, und was macht diesen Vorsprung aus?" Viele Unternehmer haben selbst keine Antwort auf derartige Fragen. Sicherlich gilt dies nicht für sehr innovative Unternehmen, aber eben nicht für alle. Ich warne Sie aber ausdrücklich vor solchen Fragen. Wenn Sie sie als Bewerber stellen, findet das Gespräch ein sehr schnelles Ende, da es die Arbeitgeberseite zu sehr brüskiert.

Ich sehe immer noch in Stellenanzeigen unter der Überschrift „Was wir Ihnen bieten" den Punkt „pünktliche Bezahlung." Sorry, aber das reizt doch heute keinen mehr. Wenn ich meine Lebenszeit einem Zweiten zur Verfügung stelle, dann erwarte ich eine pünktliche Bezahlung, das ist eine Selbstverständlichkeit.

Doch zurück zur Einstellungssituation. Ihr Gegenüber hat bei einer neuen Einstellung ein großes Problem. Er will keinen Fehler machen. Denn eine Fehlbesetzung bei der Einstellung kostet ihn sehr viel Geld. Ihnen aber auch, wenn Sie nach kurzer Zeit merken, dass Sie am falschen Ort gelandet sind. Zu einem Deal gehören schließlich immer noch zwei. Und wo wir gerade dabei sind: Wie ist das mit Ihrem Lebenslauf? Er gehört zu Ihren Bewerbungsunterlagen. In Ihren Unterlagen dürfen Sie keine falschen Angaben machen. Diese Regelung ist für eine fremde Beurteilung sehr wichtig. Schließlich will Ihr Gegenüber nicht die Katze im Sack kaufen. Sie aber auch nicht. Aber wo bleiben Sie in dieser Situation? Aus Ihrer Sicht bekommen Sie herzlich wenig von Ihrem neuen Arbeitgeber zu sehen.

Die nun folgenden Fragen können Abhilfe schaffen:

- Wer ist mein Kollege/Mitarbeiter?
- Wieso wird die Stelle neu besetzt?
- Gab es Streit mit meinem Vorgänger?
- Können Sie mir bitte den Betrieb zeigen?
- Kann ich meinen neuen Arbeitsplatz sehen?
- Haben Sie Schwierigkeiten mit dem Absatz?
- Wer ist mir und wem bin ich weisungsgebunden?
- Mit welchem Produkt machen Sie den größten Umsatz?
- Wie hat sich die Coronakrise auf Ihr Geschäft ausgewirkt?
- Wie lange hat mein Vorgänger das Verkaufsgebiet betreut?
- Wie viele neue Kunden haben Sie in den letzten drei Monate gewonnen?

Personalleiter bekommen bei derartigen Fragen leicht einen „dicken Hals". Noch schlimmer wird es, wenn Sie um die letzte Bilanz oder Gewinn- und Verlustrechnung bitten. Mit großer Wahrscheinlichkeit wird er sie Ihnen nicht zeigen wollen. Die üblichen Gepflogenheiten erlauben dies nicht. Schließlich sind dies betriebliche Interna. Klassische Antwort: „In unserem Haus ist dies nicht üblich." Meistens können und wollen sie diese speziellen Sachverhalte nicht erläutern. Sie kochen alle – genau wie Sie – nur mit Wasser. Allerdings ist Ihre Bewerbung vielfach auch hier zu Ende.

Übertreiben Sie es mit den Fragen bei der Einstellung nicht, wenn Sie die Stelle wirklich haben wollen. Spüren Sie ab, was geht und was nicht. Hier ist Empathie gefragt, und natürlich auch Erfahrung.

Die Suche nach einem guten Mitarbeiter ist die Königsdisziplin der Personalabteilung. Mit ihr fällt und steht die weitere Personalentwicklung. Einige meiner Empfehlungen können Sie in moderater Form übernehmen. Letztlich kommt es jedoch immer darauf an, ein gutes Gefühl zu entwickeln, die eine Entscheidung lenkt und rechtfertigt.

5.5 Vom aktiven Zuhören

Mit die wichtigste Kunst beim Verhandeln ist sicherlich das aktive Zuhören. Es ist gewissermaßen ein aktiver Prozess des Schweigens. Und Schweigen, so scheint es auf jeden Fall, fällt vielen von uns immer schwerer. Die Realität ist laut. Sehr laut. Wir werden täglich mit zahllosen lauten Äußerungen überflutet. Das Gegenteil ist Stille, welche mir persönlich sehr gut gefällt. Der aktive Prozess des Schweigens kann zu einer Lebenseinstellung werden, die zu wesentlichen Veränderungen in Ihren persönlichen wie auch geschäftlichen Bereichen führen kann. Doch keine Angst, Sie sollen nicht völlig verstummen.

Beginnen wir mit einer Geschichte aus meiner Lehrzeit. Als ich endlich die Berufswelt kennenlernen durfte, beobachtete ich sehr interessiert die Vertreter unserer Lieferanten, die ständig in unsere Werkstatt kamen. Sie fielen mir immer wieder durch ihr gepflegtes Äußeres auf. Da ich selbst in einem stark verdreckten Blaumann durch die Gegend eilte, bewunderte ich stets ihr Erscheinen. Besorgt stellte ich mir die Frage, warum diese Leute so saubere und gepflegte Hände hatten. Im Vergleich zu meinen ölverschmierten und stets lädierten Händen waren sie für mich etwas Besonderes.

Gleichermaßen auffällig war auch ihre große Wortgewandtheit. In dieser Zeit wurde ich mit einer der vermeintlich wichtigsten Verkaufsregeln bekannt gemacht. Ein Vertreter, so hieß es, müsse ungeheuer viel reden können. Sein Gespräch müsse förmlich den Gegner erdrücken, um letztlich einen Auftrag zu bekommen. Der Einkäufer der Werkstatt müsse froh sein, ihn endlich wieder loszuwerden.

Sicherlich muss ein Verkäufer, über die Fertigkeit verfügen, an passender Stelle etwas Sinnvolles zu sagen, seien es nun Fakten über das Produkt, die Behandlung von Einwänden oder eine Prise Situationskomik. Ich bin aber heute der Meinung, dass die damalige Auffassung nicht richtig war und ist. Aber was ist der Knackpunkt bei dieser Überlegung?

Was sind die natürlichen Hemmnisse, die dem aktiven Zuhören entgegenstehen?

Aus der neuronalen Hirnforschung wissen wir, dass ein Mensch etwa 600 Silben in einer Minute denken kann. In der gleichen Zeit kann er aber nur circa 150 Silben reden. Will heißen: Wir können viermal so viel denken, wie wir reden können. Unweigerlich sind wir somit in der Lage, uns während des Vortrages eine eigene Meinung zurechtzulegen. Wenn nun unserer Gegenüber eine kleine Pause einlegt, antworten wir sofort mit unserer eigenen Überzeugung.

Vielen von uns fällt das lange Warten in diesen Pausen leider sehr schwer. Viel lieber noch unterbrechen wir andere inmitten ihrer Ausführung und lassen sie nicht einmal ausreden. Ob nun eine schlechte Kinderstube oder ein falsch antrainiertes Verhalten dafür verantwortlich zeichnet, bleibt offen. Das Verhalten ist auf jeden Fall inakzeptabel und töricht. Lassen Sie uns den Punkt „aktives Zuhören" noch um einen weiteren Aspekt erweitern, der in dieses Verhalten mit hineinspielt. Es geht um Interesse und Neugier.

Interesse versus Neugier

Sowohl Interesse als auch Neugier begegnen uns allen im normalen Alltag. Allerdings haben beide Motivationen zwei völlig unterschiedliche Ausgangslagen und Ziele. So resultiert wahres Interesse meist aus einer positiven Grundhaltung oder aus dem Herzen heraus. Vereinfacht gesagt bedeutet es, dass dem anderen etwas an uns liegt.

Neugierde hingegen wirkt berechnend und kalt. Man erkennt sie nach kürzester Zeit. Jens ist ein beliebter Zeitgenosse. Er versucht durch permanente Neugierde seine Persönlichkeit aufzuwerten. Seine Strategie: Er zieht durch die Straßen, bis er jemanden antrifft, den er kennt. „Na, ist alles gut bei dir?", so fragt er wieder und wieder. Eigentlich will er nur Neues erfahren, das er dann weitertratschen kann.

Erweckt seine Informationssammlung Staunen, steigt er in der Gunst seines Umfeldes.

Gehen wir nun gedanklich zum **Interesse** und erinnern wir uns kurz an Personen, die den größten Einfluss auf uns hatten. Waren es vielleicht Eltern, die Ehefrau, Großeltern, ein guter Freund, eine gute Freundin, ein Trainer, ein Lehrer, eine gute Arbeitskollegin? Es waren die Menschen, die uns bedingungslos akzeptiert haben. Diese Personen nehmen wirklich Anteil an unserem Leben. Daher haben sie eine so große Einflussmöglichkeit auf uns.

Am deutlichsten wird dies in der Partnerschaft. Eine glückliche Ehe bedeutet nicht, sich ständig in die Augen zu schauen. Vielmehr geht es darum, zusammen mit dem Partner aufzubrechen und gemeinsam neue Weg zu gehen. Verhandeln und Partnerschaft haben, wie ich schon erwähnt habe, einige Parallelen. Auch beim Verhandeln ist der Kompromiss nicht selten die beste Lösung für eine Verhandlung. Weitere nützliche Informationen zum Thema lesen Sie bei Wolfgang Krüger (siehe „Literaturempfehlungen").

Fassen wir zusammen: Wir alle wissen, wer den größten Einfluss auf uns hatte. Daher wollen wir kurz überlegen, wie wir diesen Umstand positiv nutzen können. Außerdem ist klar, dass wir nicht jeden Menschen lieben oder wertschätzen können. Dagegen spricht schon allein die Vielzahl an unterschiedlichen Charakteren und Verhandlungssituationen. Die Überlegung: Wenn es doch eine so große Freude ist, von anderen Menschen grundsätzlich angenommen zu werden, dann könnten wir dieses Gefühl doch in abgeschwächter Form in unsere eigene Verhandlungsstrategie mit einfließen lassen.

Aus eigener Erfahrung kann ich Ihnen sagen, dass dieses Verhalten von nur sehr wenigen genutzt wird. Aber mal ehrlich, Sie wollen doch einen besonderen Expertenstatus erreichen. Wenn Sie alles so machen wollen, wie die anderen es machen, dann sind Sie eben wie alle anderen.

Ein kleiner Denkanstoß

„Zeigen Sie Interesse an Ihren Mitmenschen. Sie werden so in zwei Monaten mehr Freunde gewinnen als jemand, der zwei Jahre lang versucht, sich selbst interessant zu machen", sagte schon Dale Carnegie in „Wie man Freunde gewinnt".

Der gute Zuhörer

Aktives Zuhören funktioniert nur dann, wenn Sie die Kunst, ein guter Zuhörer zu sein, beherrschen. Aber nicht immer sind Leute, die wenig reden, gute Zuhörer. Ein Geschäftsfreund von mir schien ein guter Zuhörer zu sein, da er selbst nicht viel redete. Allerdings glaube ich, dass dieser Umstand eher so zu erklären ist, dass er nicht wirklich zuhörte. Am Anfang hörte er noch interessiert zu. Doch dann verriet seine Körpersprache, dass er mit den Gedanken woanders war. Möglicherweise dachte er an ganz andere Dinge.

Dieses Verhalten führt zu keiner neuen Erkenntnis. Inwieweit er das Wissen, das ihn zu dem Zeitpunkt des Gesprächs nicht interessiert hatte, hätte nutzen können, bleibt natürlich offen. Nur wer gelernt hat, wie man anderen zuhört, erfährt wichtige Informationen. Dabei müssen Sie nur aufrichtig und ehrlich am Gespräch teilnehmen. Ihr ernsthaftes Interesse sollte durch gezielte Fragen untermauert werden. Diese neue Grundhaltung wird Sie zu neuem Wissen führen. Kontraproduktiv sind unnötige Kommentare. Die können Sie sich sparen.

Ihre Grundhaltung sollte passiv und gleichzeitig interessiert sein. Dazu reicht es, einfach nur zuzuhören. Diese Technik kommt vielen banal vor. Wahrscheinlich wird sie deshalb so selten angewandt. Aber wie alle anderen wollen wir ja nicht sein, oder?

Wir wollen uns jetzt einige Punkte anschauen, die Sie dabei unterstützen können, ein guter Zuhörer zu sein:

- Suchen Sie nach Motiven.
- Stellen Sie überraschende Fragen.

- Lernen Sie, mit Pausen umzugehen.
- Machen Sie sich gedanklich Notizen.
- Halten Sie den Mund, wenn das Gespräch stockt.
- Wenn Sie etwas nicht verstanden haben, fragen Sie sofort nach.
- Fragen können neue Erkenntnisse zutage fördern, die den Sachverhalt um 180 Grad drehen.
- Stellen Sie fortlaufend Fragen. Achten Sie aber darauf, dass es nicht wie ein Verhör wirkt.
- Vermeiden Sie den Eindruck, dass Sie nur auf eine Pause warten, um dann selbst reden zu können.
- Lassen Sie Persönliches in ein Gespräch einfließen. Ein vergleichbares Erlebnis fördert oftmals das Gespräch.
- Konzentrieren Sie sich. Vermeiden Sie es, den Blick oder Ihre Aufmerksamkeit auf andere Dinge als Ihren Gesprächspartner zu richten. Es besteht sonst die Gefahr, dass Sie desinteressiert wirken.

Ihre Fähigkeit zuzuhören wird sich sofort auf Ihre Gespräche und Kontakte auswirken. Ihre Beziehungen werden sich deutlich verbessern.

5.6 Den Markt kennen

Aus meiner persönlichen Erfahrung wage ich die Aussage, dass viele Verkäufer ihren Markt oder ihre Mitanbieter entweder gar nicht oder nur schlecht kennen. Diese Tatsache führt oftmals dazu, dass sie, vereinfacht gesagt, nur über ihr eigenes Produkt reden können. Stellen Sie sich nur einmal vor, Sie könnten alle Vor- und Nachteile Ihrer Mitanbieter (und deren Produkte) einem Kunden, der sich in Ihrem Verkaufsraum aufhält, aufzeigen. An dieser Stelle ist anzumerken, dass ein Kunde nicht jedes Detail der Mitkonkurrenten kennen kann. Dafür fehlt ihm vielfach die Zeit. Allerdings wäre es nicht schlecht, wenn Sie trotzdem

Ihr Business und primär Ihre Hauptkonkurrenten gut kennen würden. Der Kunde merkt dann: Mein Gegenüber kennt sich gut aus. Und um dieses „Er kennt sich aus" geht es beim erfolgreichen Verhandeln.

„Er kennt sich aus!"

Stellen Sie sich nun vor, ein Verkäufer erzählt von allen Produkten, die der Kunde sich auch schon im Vorfeld (im Internet) angeschaut hat. Sämtliche Vor- und Nachteile der Konkurrenzprodukte erklärt er detailliert. Der Kunde merkt, dass dieser Mann den kompletten Markt kennt. Soll er jetzt noch seine eigene kostbare Zeit investieren, um noch mehr herauszufinden? Diesen Aufwand kann er sich doch sparen. An dieser Stelle wird auch klar, dass sich ein höherer Preis mit dieser Vorgehensweise viel einfacher vertreten lässt.

Gespräche mit dem Verweis auf Mitkonkurrenten und deren Produkte führen zu einer besonderen Verhandlungsmacht. Viele Verkäufer haben allerdings große Bedenken (Angst) vor diesem Schachzug. Sie glauben, dass sie die Kunden dadurch an die Konkurrenz verlieren. Nur Topverkäufer, die ihren Markt wirklich kennen, stehen zu dieser Vorgehensweise, eben weil sie so wirkungsvoll ist. Kombinieren Sie diese Technik noch mit einem Schuss Freundlichkeit und Würdigung des Kundeninteresses, dann ist Ihnen der Sieg sicher.

Mehr Profit – Bruttoertrag – Gewinn

Der Aufbau der eigenen Verhandlungsstärke durch gute Marktkenntnis geht klar mit verbesserten Handlungsergebnissen einher. Mehr Profit – mehr Bruttoertrag – mehr Gewinn für das Unternehmen.

Empfehlung: Stets zu erkennen, was in einer Verhandlung gerade geschieht, verleiht Ihnen große Macht. Wenn Sie nun noch Ihren Machtvorteil gut kaschieren, umso besser. Wobei es in vorteilhaften Verhandlungen stets zwei Sieger gibt.

Gut ist auch zu wissen (oder zu erahnen), was genau die Gegenseite aktuell mit Ihnen vorhat. Es liegt auf der Hand, dass ich Ihnen nicht jeden erdenklichen Fall erläutern kann. Aber seien Sie sich gewiss: Nach dem Lesen dieses Buches lässt es sich einfach besser verhandeln!

Hilfe bei der Entscheidungsfindung

Grundsätzlich geht es beim erfolgreichen Verhandeln um das permanente Studium und die Kontrolle der Gegenseite über die mimische oder verbale Kommunikation. Folgende markante Punkte sind hierbei wichtig: Der rasche Aufbau von Vertrauen und das stetige Erforschen von Kaufkriterien beziehungsweise Kaufmotiven sowie die Schaffung von Marktransparenz nach Ihren Möglichkeiten und Maßstäben.

Vereinfacht gesagt, hilft man dem Kunden, seine Suche zu erleichtern: „Gehen Sie auch nach XYZ, dort finden Sie das Produkt ABC. Im Internet finden sie außerdem die Firma DFD. Bedenken Sie aber, dass das Produkt SDT dies und jenes nicht kann, was Sie aber wünschen …" Auf diese Art und Weise schaffen Sie Vertrauen sowie die nötige Marktransparenz, die Sie natürlich haben müssen. All dies unterstellt folglich: „Sie müssen den Markt aber sehr gut kennen!" Ziel ist es, dass die Kunden anfangen sollen so zu denken: „Warum soll ich noch nach XYZ fahren, wenn dieser Typ mir schon alles sagen kann und ich dadurch Zeit und Geld sparen kann?"

Durch das Internet kommt es gelegentlich zu einer Übersättigung (Überinformation an Produktwissen). Daher werden Produkteigenschaften nicht selten falsch zugeordnet. Die Frage ist nicht entscheidend, wie viel man gesehen hat, sondern ob es hier im Verkaufsraum gefällt.

Zwei weitere Hauptprobleme liegen in der mangelhaften Abschlusssicherheit und dem Nichterkennen von Kaufsignalen. Vielen fehlt es an einem Bewusstsein oder der Erkenntnis und dem Know-how für derartige Verhandlungsaspekte. Doch keine Sorge, durch das Studium dieses Buches werden Sie weiter an diese Thematik herangeführt. Die zahlreichen praktischen Beispiele und kleinen Geschichten führen zu Erkenntnisgewinn. Vergleichbare Erfahrungen aus Ihrer Vergangenheit bekommen einen anderen Charakter und Wert und Sie können Ihre kommenden Verhandlungen Schritt für Schritt besser führen.

6 Stolpersteine umgehen und Geschäfte abschließen

Eine Kaufentscheidung beginnt mit dem ersten Kontakt. Egal, wie dieser auch stattfindet. Es spielt keine Rolle, ob jemand Ihr Unternehmen (Büro, Werkstatt) physisch betritt oder der Erstkontakt digital erfolgt. In jedem Fall entwickelt sich ein Gefühl beim Verhandlungspartner. Jetzt wird klarer, wie wichtig diese ersten Hürden sind. Schon ein erstes Telefongespräch mit der Praktikantin in der Firmenzentrale gibt eine Richtung vor. Es werden Unmengen an Geld für einen Immobilienneubau des Unternehmens ausgegeben und am Telefon begrüßt Sie die Inkompetenz des Hauses. Natürlich mit fehlender Einarbeitung. Was denken Sie? Sie überlegen: Wollte man Ihnen helfen oder Sie nur schnell wieder loswerden?

War man froh, wenn man Sie endlich zuordnen oder durchstellen konnte? Oder schlechter noch: „Herr Wunder und Frau Fraglich sind nicht zu erreichen. Sie befinden sich in einem was auch immer. Rufen Sie später noch einmal an." Hier stellt sich doch die Frage, warum nicht ein Rückruf erfolgen kann. Schließlich wollen doch beide eine positive Situation erzeugen, oder eher nicht? Es ist eine Unverschämtheit, wenn noch nicht einmal ein Anrufbeantworter eingeschaltet wird oder vorhanden ist. Wer ist hier der Kunde und welchen Wert hat dieser Service?

6.1 Die Frage nach dem Abschluss

Kommen wir zu einer weiteren Überlegung: Ab wann kann ich nach dem Abschluss fragen? Um dies herauszufinden, müssen Sie erforschen, wo sich Ihr Verhandlungspartner im Entscheidungsprozess gerade befindet. Aber grundsätzlich können Sie immer und zu jedem Zeitpunkt nach dem Abschluss fragen. Sie müssen aber lernen abzuschätzen, ob es zum aktuellen Zeitpunkt schon sinnvoll ist. Zu früh gestellte Abschlussfragen können eine Verhandlung auch zerstören. Also seien Sie vorsichtig.

Wenn ungeübte Verhandler diese Frage zum ersten Mal hören, meinen viele, dass eine Verhandlung sicherlich seine Zeit benötigt. Sie begründen es mit der Tatsache, dass alles im Leben seine Zeit und seinen Ort hat.

Je länger und härter eine Verhandlung andauert, umso schwieriger ist sie. Folglich gehen viele davon aus, dass der Prozess oder das Ereignis eine gewisse Zeit erfordert. Was lange währt, wird endlich gut, so heißt es im Volksmund. Dass es auch anders gehen kann, zeigt die folgende Episode aus der Zeit meiner Pkw-Verkäufe.

Auf dem Außengelände eines Autohauses stand ein Mann, der sich sichtlich für einen ganz bestimmten Gebrauchtwagen interessierte. Auf dem Fahrrad sitzend, stützte er sich mit einem Bein auf dem Vorderrad eines Pkw ab. Nach einem kurzen Gruß fragte ich ihn, ob ihm der Wagen gefalle. Ja, erklärte er. Er wäre jetzt zum dritten Mal da, um den Pkw in Augenschein zu nehmen. „Eine gute Wahl für meine Tochter." Daraufhin fragte ich ihn: „Warum kaufen Sie den Wagen dann nicht?" Das tat er dann auch. Die Verhandlung dauerte keine fünf Minuten, bis die Entscheidung fiel.

Empfehlung: Die Abschlussfrage kann im Grunde genommen jederzeit gestellt werden. Sie müssen jedoch die richtigen Signale kennen, also seien Sie aufmerksam!

An dieser Stelle gebe ich eine Erklärung für alle, die meinen, ihr komplettes Verkaufsgespräch jederzeit und ständig wiederholen zu müssen. Wenn mir jemand erklärt, er wäre wiederholt da gewesen, um sich etwas anzusehen und er durch seine nonverbale Reaktion (Abstützen auf dem Vorderrad) fast schon in den Pkw eingestiegen ist, dann frage ich mich doch, was muss ich dem Interessenten noch an technischen Details erklären, damit er unterschreibt. In diesem Beispiel bin ich voll auf Risiko gegangen. Allerdings habe ich die Abschlussfrage wohlwollend und vorsichtig gestellt, um beim Scheitern noch weiter verhandeln zu können. Freundlichkeit ist hier das oberste Gebot, aber das sollte im Verkauf stets die Maxime sein.

Der Vater erklärte, für seine Tochter zu handeln. Diese Verhandlungsaspekte reichten mir damals, um nach dem Abschluss zu fragen. In diesem Zusammenhang ist es wichtig zu erkennen, was Kaufsignale sind und wie sie sich andeuten. In unserem aktuellen Fall war die Erwerbsabsicht klar erklärt worden. Dies ist allerdings nicht immer der Fall. Es stellt sich die weitere Frage: Wie erkenne ich Kaufsignale von Kunden/Interessenten?

6.2 Erkennen von Kaufsignalen

Anders gefragt: Was muss bei der Gegenseite passieren, damit Sie Kaufsignale erkennen? Gut, Sie müssen Ihren Verhandlungspartner die ganze Zeit über sehr gut beobachten. Dazu benötigen Sie Ihre Augen und, wie schon erklärt, die Königsdisziplin: Zuhören. Wie sonst wollen Sie an die Informationen der Gegenseite kommen, die Sie unbedingt benötigen? Eine gute Freundin sagte einst zu mir: „Merke dir gut, dass der Kunde immer schlauer ist als du. Folglich ist eine bescheidene und freundliche Art, die aber dennoch zielführend ist, sehr zu empfehlen."

Doch zurück zu den möglichen Kaufsignalen. Es kommt im Verhandlungsgespräch zu Fragen, mit denen die mögliche Abwicklung erörtert wird. Langsam, aber sicher kommt es zu einer höheren Identifikation mit dem Produkt.

Die Konsequenzen des Entschlusses werden bedacht. Der Käufer spricht so, als hätte er schon gekauft. Kunden lassen sich die Details der Leistung bestätigen. Der Kunde wird im Grunde genommen unruhig. Es kommt zu Fragen nach dem konkreten Ablauf. Es wird um Referenzen gebeten, die die Bewährung des Produktes untermauern sollen. Realistische Übergabetermine oder auch Fertigstellungstermine werden besprochen. Die Preise für technische Folgekosten wie Inspektion und Wartung werden zu einem Gesprächsthema. Das Gleiche gilt für Gewährleistung und Kulanz. Zusätzlich werden weitere Personen hinzugezogen – Bruder, Fachmann, Vater, Opa oder Freunde. Der Stimme entnimmt man einen Besitzwunsch. Zudem kommt es zu Kopfnicken und der Kaufgegenstand wird immer wieder berührt.

Der entscheidende Punkt

Wenn Sie diese Zeichen feststellen, ist ein entscheidender Punkt erreicht. Der Kunde/Interessent befasst sich intensiv mit Dingen, die mit dem Nachher, also der Zeit nach dem Kauf, tun haben. Empfehlenswert ist jetzt auch, die eigene Begeisterung vorsichtig zurückzunehmen. Es geht nun also immer um das **Nachher** (nach dem Kauf).

Kommen wir zu einem weiteren Umstand. Ihr Kunde kann heute im Netz vieles über Ihr Produkt erfahren, allerdings sind Sie ein realer Partner, der morgen wieder besucht werden kann. Glauben Sie etwa, dass ein Preisvorteil in 300 km Entfernung wirklich ein Vorteil ist?

Gehen Sie ruhig davon aus, dass Sie als Partner aus der Nachbarschaft, dem Nachbarort, der Stadt in der Nähe ein guter Partner sein können. Lassen Sie sich von Preisen aus der digitalen Welt nicht ins Bockshorn jagen. Wenn jemand etwas verbilligt in der Ferne anbietet, dann soll der Interessent ruhig hinfahren und es dort kaufen oder einfach bestellen. Gleiches gilt für Kleinigkeiten, die sich noch nach dem Kauf unerwartet zeigen. Sagen Sie Ihrem Interessenten mit ruhiger Stimme, dass er den Pkw ruhig in … kaufen kann. Er möge dann aber bitte nachher zu Ihnen zum Service kommen. Schließlich sei Ihnen auch an einem Service-Kunden gelegen.

Beispiele aus der Finanzierungsbranche zeigen den Unterscheid zwischen direkten und indirekten Kaufsignalen. Indirekte Aussagen sind beispielsweise: „Wir haben gestern den Notarvertrag unterschrieben", „Das Grundstück ist gestern beim Bauträger reserviert worden", „Vor zwei Wochen wurde eine Kaufentscheidung gefällt", „Wir haben unsere Wohnung zum … gekündigt", „Mein Mann hat um interne Versetzung im Unternehmen gebeten", „Der Makler … wurde mit dem Verkauf der Bestandsimmobilie beauftragt", „Die Fertigstellung ist am …"

Direkte Fragen suggerieren eine hohe Abschlusssicherheit. Folgende Fragen werden dann gestellt:

- Mit welchen Banken arbeiten Sie?
- Wie hoch sind die Bearbeitungsgebühren?
- Wann haben Sie eine Finanzierungszusage?
- Wie hoch sind die Sondertilgungsmöglichkeiten?
- Wie schnell können wir über das Darlehen verfügen?

Wenn Kaufsignale nicht erkannt werden

Aber was passiert, wenn Kaufsignale nicht erkannt werden? Oftmals wird dann einfach zu viel geredet. Man weiß nicht mehr so recht, wo man sich auf dem Weg zur Entscheidungsfindung genau befindet. Es kommt zu einer gewissen Orientierungslosigkeit. Eine besondere Gefahr besteht darin, dass man nicht mehr erkennt, wann der Höhepunkt einer Kaufbereitschaft erreicht ist und somit der Deal abgeschlossen werden kann. Folglich kommt es zur gefährlichen Rückentwicklung einer Kaufentscheidung. Es ist so ziemlich das Schlimmste, was Ihnen im Verkaufsgespräch passieren kann. In der Euphoriephase werden oft noch Nachteile übersehen oder vernachlässigt. Beim Rückgang der Euphorie wird den Nachteilen allerdings eine andere Bedeutung zugemessen.

Grundsatz: Es ist von entscheidender Bedeutung, jederzeit zu wissen, wo man sich auf dem Weg bis zur Einigung befindet.

Ein Übersehen oder Nichterkennen von Kaufsignalen führt dazu, dass unnötig lange Gespräche geführt werden. Gute Verhandlungsstrategen bauen ihr Verkaufsgespräch systematisch auf. Sie legen sich einzelne Sätze vorher zurecht, die nacheinander, aber auch variabel einsetzbar sind. Die Kombination einzelner Argumente kann zielführend auf ein Auslösen von Kaufsignalen hinarbeiten. All das ist nicht gegeben, wenn man sich nicht vernünftig vorbereitet hat.

6.3 Kaufsignale auslösen

In Ihren Verhandlungsgesprächen müssen Sie unterschiedliche Situationen im Kopf des Käufers durchspielen. Am besten durch Fragen wie diese: Was wird wohl Ihre Nachbarschaft zu Ihrem neuen Auto sagen? Haben Sie den Wagen gestern bei der Probefahrt auch in Ihre Garage gefahren? Passt das mit den Außenspiegeln? Ihr Arbeitskollege hat doch das Vorgängermodell bei uns erworben. Kennt er Ihre Absichten schon? Was sagen Sie zur Wagenfarbe? Frau Fraglich, gefällt Ihnen der Ton? Und was ist mit der Innenausstattung? Fahren Sie dieses Jahr mit dem neuen Wagen in den Urlaub? Nutzen Sie den Wagen auch für Ihre Selbständigkeit? Ist die Aufnahme Ihres kranken Vaters ins Fahrzeug möglich? Was sagen Ihre Schwiegereltern zu Ihrem Vorhaben? Haben die Kinder schon Platz genommen? Kommen Sie bei Ihrer Körpergröße mit der Dachhöhe zurecht? Und wenn es um Textilien geht: Soll ich Ihnen zeigen, wie einfach dieses Sakko zu kombinieren ist? Der Anlass ist eine Hochzeit? Dann freut es Sie sicher, dass es auch problemlos zu allen anderen festlichen Gelegenheiten passt. Ihnen gefällt klassische Eleganz? Dann liegen Sie mit diesem Modell genau richtig.

Beim Auslösen von Kaufsignalen geht es um die gedankliche Beschäftigung, die mit einem Erwerb einhergeht. Es wird eine emotionale Bindung zum Produkt hergestellt: Wie werde ich mich fühlen, wenn ich den Neuwagen besitze? Wie wird wohl die erste Heimfahrt nach dem

Kauf sein? Wie es wohl sein wird, wenn ich das erste Mal am Lenkrad sitze? Ich werde als Erster in meinem Ort einen … besitzen! Welche Reaktionen erwarten mich aus dem direkten oder indirekten Umfeld?

Empfehlung: Lösen Sie gezielt Bilder und Empfindungen über gedankliche Vorgänge aus, die mit der Nutzung des Fahrzeuges zu tun haben, das sogenannte „Kopfkino" ist wichtig für den Wunsch nach Besitz.

Um Kaufsignale auszulösen, müssen Sie Ihren Kunden sehr gut kennen. Voraussetzung hierfür ist wiederum die gezielte Erforschung seiner Motive. Was ist ihm wichtig und was nicht? Spreche ich den Vereinswimpel an oder eher nicht? Meine Erfahrung ist, dass ruhige und abwartende Verkäufer sich für diese Methode im Vorfeld präparieren und sie dann im passenden Moment einsetzen. Sie benötigen keine zehn Argumente, nur eines, das aber trifft.

Im Verhandlungsprozess stellt sich immer wieder die Frage: Wann ist denn ein Geschäft eigentlich abgeschlossen? Das folgende Beispiel soll für mehr Aufklärung in dieser Frage sorgen.

6.4 Vertragsgrundlagen: die schriftliche Basis

Das dicke Ende: Forderung ohne Vertrag?

Seit einem Jahr versucht Herr Berg, sein Haus zu verkaufen. Nach dem Tod seiner Gattin ist ihm sein Haus einfach zu groß geworden. Auch die Kinder wollen das Einfamilienhaus nicht nutzen, da ihre Lebensmittelpunkte in anderen Ländern liegen. Das Objekt befindet sich an einer stark befahrenen Straße.

Trotz der nicht gerade bevorzugten Lage möchte Herr Berg einen recht hohen Kaufpreis von 280.000 € erzielen. Nachdem mehrere Hausbesichtigungen erfolglos verlaufen sind, beschließt Herr Berg einen Makler mit der Vermittlung zu beauftragen. Der Makler erklärt, er könne nur für eine ordentliche Vermittlung sorgen, wenn er genügend Zeit hätte. Also schließen die Vertragspartner einen festen Vertrag für ein Jahr. In diesem Makler-Alleinauftrag wird festgelegt, dass Herr Berg für den Erfolgsfall eine Verkäuferprovision in Höhe von 3,48 % vom notariellen Kaufpreis zahlen muss.

Nach der Unterzeichnung des Vermittlungsvertrages kommt es in der Folgewoche zu einer ersten Besichtigung durch den Makler. Und wie der Zufall es will, wird relativ schnell ein potenzieller Käufer für die Immobilie gefunden.

Herr Berg freut sich: „Der Einsatz des Maklers hat sich gelohnt. Das kommt mir sehr entgegen. Endlich bin ich die Hütte los." Die Aussicht auf den kommenden Geldeingang lässt seine Fantasie blühen. Die positive Stimmung bewirkt, dass Herr Berg die noch ausstehende Courtage-Forderung zunächst erfolgreich verdrängt.

Drei Wochen später wird der Verkauf notariell beurkundet. Infolgedessen erhält Herr Berg eine Rechnung vom Makler (Forderung: 9.744 €). Er vergleicht die Forderung mit der erbrachten Leistung des Maklers: 1-mal Anzeigenschaltung, 1-mal Besichtigung und Begleitung zum Notartermin. Zehn Tage nach Vertragsschluss hat er mir den neuen Käufer gebracht. Und jetzt 9.744 €. So viel Geld, für was? Herr Berg ist trotz des erfolgreichen Verkaufes über den Makler verärgert. Was die wahren emotionalen Gründe sind, ist bei unserer Betrachtung unerheblich. Es geht uns hier vornehmlich um den Abschlussvorgang und seiner Eigenheiten.

Zwischenfazit: Im Laufe weniger Tage hat sich die erbrachte Leistung des Maklers aus Sicht von Herrn Berg extrem reduziert. Statt sich an jeden Schritt der Immobilienvermittlung zu erinnern, sind nur noch die grundlegenden Arbeitsschritte im Gedächtnis. Herr Berg hält die hohe Forderung nach dem Abklingen der Freude über den erfolgten Verkauf für deutlich überhöht.

Fragen: Wie realistisch wäre die Forderung ohne Vertrag? Wie lange würde es dann dauern, bis der Makler an sein Geld kommt?

Antwort: Sie könnten jetzt mit den allergrößten Problemen oder Widerständen rechnen, um die Courtage-Forderung durchzusetzen. Wenn kein schriftlicher Vertrag vorliegt, müsste der Sachverhalt sicherlich vor Gericht erstritten werden.

Empfehlung: Machen Sie Ihre Geschäfte wasserdicht!

Da Makler diese Hemmnisse kennen, arbeiten viele nur mit einem sogenannten Makler-Alleinauftrag. Zudem vereinbaren sie mit dem Verkäufer und Käufer im Notarvertrag ein eigenes Recht. Dort steht schwarz auf weiß, dass mit dem Abschluss des Notarvertrages eine Verkäufer- und Käuferprovision in Höhe von je 3,48 % vom notariellen Kaufpreis verdient ist, innerhalb von zehn Tagen fällig wird und an den Makler zu zahlen ist.

Grundsatz: Geschäfte benötigen stets eine schriftliche Basis. Und ein Geschäft ist dann erst abgeschlossen, wenn das Geld für die erbrachte Leistung einem Bankkonto unwiderruflich gutgeschrieben worden ist.

Viele Mittelständler haben mit diesem Thema ihre Probleme. Aber ehe man mit einer Leistung beginnt, sollte man die zu erbringende Leistung schriftlich fixieren. Eine Beispielgeschichte gibt es zu diesem Thema in Abschnitt 10.4: Der Architekt und sein widerwilliger Auftraggeber.

Sinn und Zweck einer Anzahlung

Bei vielen Geschäften sollte über eine Anzahlung nachgedacht werden, so sie nicht etwaigen Gesetzen entgegensteht. Wenn Ihr Verhandlungspartner nicht im Geringsten daran denkt, Ihnen eine Anzahlung zu leisten, dann fragen Sie sich einfach: Mit wem habe ich es hier eigentlich zu tun? Das Geschäft riecht nach Ärger, wenn ich das so sagen darf. In solchen Situationen pflegte ein Geschäftsfreund immer den Spruch: „Wenn du erfolgreich werden willst, musst du Scheiße durch die Wand riechen können." Entschuldigen Sie bitte den fäkalen Ausdruck. Aber ich denke, dass der Satz viel Wahrheit enthält.

Je mehr Zeit verstreicht, desto schwieriger wird die Durchsetzung einer Forderung. Diese Tatsache gilt für alle Branchen und für jedes Geschäft. Daher müssen Sie die Kunst entwickeln, Ihr Geschäft nach dem Abschluss auch in Geld umzuwandeln. Darum geht es doch, oder?

Hilfe in der Not

Für Familie Winzig hat sich ein langer Traum erfüllt: das freistehende Einfamilienhaus am See. Der Rohbau ist fertiggestellt und es kann Richtfest gefeiert werden. Alle Handwerker, die am Neubau beteiligt waren, sind eingeladen. Unverhofft werden auch noch die fehlenden Dachpfannen am selben Tag geliefert. Es hat sich außerdem schlechtes Wetter angekündigt. Es wäre gut, wenn die Pfannen zeitnah eingedeckt werden könnten, am besten sofort. Aber woher bekommen wir die helfenden Hände? Die Not ist groß. Auf einmal fordert Frau Winzig ihren Mann auf: „Bitte doch deinen Kegelclub um Mithilfe!" Mit dieser Unterstützung sollte die Eindeckung der Dachpfannen schnell erledigt sein. Gesagt, getan. Gerade noch vor dem angekündigten Regen ist das Dach mit den neuen Dachpfannen eingedeckt worden. Herr Winzig hält seine Frau glücklich in seinen Armen. Alle sind froh, dass die Teamarbeit so erfolgreich war. „Gut, dass Du den Einfall mit dem Kegelclub hattest!"

Vier Wochen später bekommt Familie Winzig Besuch vom Fliesenleger. Es geht um die Auswahl der Fliesen fürs Wohnzimmer. Lapidar bemerkt der Fliesenleger: „Ach, die Pfannen sind ja auch schon drauf. Wann haben Sie das denn gemacht?" Der Hausherr antwortet: „Och, das war so eine Nacht- und Nebelaktion. Nicht der Rede wert." Wichtig ist zu erkennen, dass zu diesem Zeitpunkt die Mithilfe der Kegelbrüder in einem ganz anderen Licht erscheint!

Grundsatz: Je mehr Zeit zwischen Not und Lösung vergeht, desto geringer wird ihre Wertschätzung.

Meisterfeier im Fußball: Sieg und Aufstieg

Als unser Fußballverein die Meisterschaft gewann, war der Aufstieg in die Verbandsliga perfekt. Die Freude darüber war riesig. Dementsprechend groß war die Feier im Vereinsheim. Wir lagen uns alle in den Armen. Ein befreundeter Gönner des Vereins, der selbst ein Geschäft besaß, ließ es sich nicht nehmen, eine kurze Rede zu halten. Daraufhin brüllte einer aus der Runde: „Rede nicht so viel, sondern tu was in den Topf, damit wir die nächste Saison finanziert bekommen!" Es folgte eine Runde Bier. Immerhin. Zwei Jahre später stieg der Verein wieder ab. In diesem Beispiel war es nur eine Runde Bier, oftmals geht es um weit mehr.

Grundsatz: Ein emotionaler Hochgenuss kann zu unverhältnismäßigen Zugeständnissen führen: eine gefährliche Situation!

Ein Geschäft ohne eine schriftliche Vereinbarung ist lediglich eine mündliche Absprache, auch wenn juristisch gesehen ein Vertrag zustande gekommen ist. Vielen fehlt es außerdem an einer Anzahlung. Das Geschäft basiert auf Vertrauen. Erfahrene Handwerker werden aber nervös, wenn Vertrauen die einzige Grundlage ist. Aufgrund ihrer langjährigen Geschäftserfahrung wissen sie, dass Kontrolle etwaiger Absprachen oder Leistungen zwingend notwendig ist. Zu oft haben sie sich auf Zusagen verlassen und standen am Ende mit leeren Händen da. Manchmal waren sie pleite oder mussten Konkurs anmelden.

Die Rechnung

Eine kleine Geschichte aus einer mir befreundeten Kfz-Werkstatt soll den Sachverhalt weiter vertiefen. Frau Huber kommt mit ihrem Fahrzeug auf den Betriebshof gefahren. Oh, die Frontscheibe hat es erwischt. Schnell wird eine neue Scheibe bestellt und eingebaut. Frau Huber ist zufrieden und der Werkstattmeister erklärt, dass ihr die Rechnung in den nächsten Tagen zugeht. Alle sind zufrieden.

Zwei Jahre später ereilt Frau Huber das gleiche Missgeschick wie vor zwei Jahren. Die Frontscheibe ist wieder beschädigt worden und soll noch einmal schnell ausgewechselt werden. Der Meister will aus Vereinfachungsgründen die alte Rechnung als Vorlage für die erneute Reparatur nutzen. Bei der Suche stellt sich aber heraus, dass er seinerzeit vergessen hatte, eine Rechnung zu schreiben. An dieser Stelle sind wir an einem sehr wichtigen Punkt. Was glauben Sie wohl, wie viele Rechnungen nicht geschrieben werden, weil sie einfach untergehen? Oder man vergisst im Eifer des Gefechts einige Kleinteile dem Auftrag zuzuschlagen. Das Geld hätte ich gern.

Grundsatz: Ihre Geschäfte, Abschlüsse und Aufträge benötigen eine schriftliche Grundlage, eine schriftliche Fixierung.

Dies gilt für die Auftragserfassung, Auftragsbestätigung, Erfassung der Arbeitsleistung und Ersatzteile, für die Rechnungslegung und den Rechnungsversand. Kein Ersatzteil verlässt das Lager ohne Arbeitskarte. Auf der Arbeitskarte muss der Arbeitsbeginn zu ersehen sein. Alle Beteiligten, die mit dem Auftrag zu tun hatten, müssen direkt erfasst werden. Garantieleistungen, die mit einem Hersteller abgerechnet werden können, sind bis zum Wochenende fertig verarbeitet. Am gleichen Tag der Werkstattleistung sollte auch die Rechnungslegung erfolgen.

Manchmal war die Gewinnung eines neuen Auftrages schon mühsam genug. Dann wiegt ein Vergessen doppelt schwer. Kein Mensch kann Ihnen vorschreiben, wie Sie Ihre Geschäfte zu führen haben. Dennoch sollten die Abläufe in Ihrem Unternehmen so gesteuert sein, dass ein betrieblicher Vorgang, der Ihr Geld kostet, nicht einfach in Vergessenheit gerät.

Schriftliche Regelungen:
1) Machen Sie immer einen schriftlichen Vertrag.
2) Lassen Sie sich einen Auftrag stets unterschreiben.
3) Versuchen Sie, eine Anzahlung zu erhalten (wenn rechtlich möglich).
4) Vermeiden Sie Zeiträume zwischen der Leistung und ihrer Bezahlung.
5) Schreiben Sie Ihre Rechnung sofort. (Weisen Sie Ihr Personal nach diesem Prinzip an).
6) Machen Sie immer einen Vertrag – auch bei nahestehenden Personen oder Ihren besten Freunden.
7) Verweisen Sie immer auf Ihre AGB. Wenn Sie keine haben, dann lassen Sie sich welche entwerfen.
8) Fordern Sie Barzahlung oder Direktzahlung mit Karte. Schließlich haben Sie Ihre Leistung bereits erbracht.

Sichtbares Feedback eine Waffe?
Kommen wir nun zu folgender Verhandlungssituation: Zwei völlig fremde Verhandlungspartner treffen erstmalig aufeinander. Sie kennen sich nicht und wollen dennoch einen Deal aushandeln. Die Kernfrage ist hier, was können die beiden im eigentlichen Verhandlungsprozess wechselseitig von ihrem Gegenüber erwarten? Diese Erstinformationen sind neben den bekannten Verhandlungspunkten zwingend notwendig, um die Verhandlung in Gang zu setzen.

Wovon können wir ausgehen? Was wird mit hoher Wahrscheinlichkeit passieren? Als Erstes wird es zu einer Kommunikation kommen.

Diese wird verbal und nonverbal verlaufen. Die verbale Kommunikation, das gesprochene Wort, wollen wir an dieser Stelle vorerst vernachlässigen. Uns interessiert zuerst die nonverbale Seite der Verhandlung.

Die nun folgenden Fragen schießen Ihnen vor dem Beginn einer Verhandlung durch den Kopf:

- Wer macht das Anfangsangebot?
- Wie hoch muss mein Anfangsangebot sein?
- Wie hoch kann ich den Preis ansetzen, ohne Gefahr zu laufen, dass es zum Verhandlungsabbruch kommt?

Diese Fragen vergleiche ich oft mit dem Aufblasen eines Kaugummis. Nun, die Blase (Preishöhe) kann so groß werden, bis sie platzt. Nach meiner Erfahrung erfolgt die Preisfindung nur durch eine behutsame Annäherung, wie auch immer diese Verhandlung beginnt oder laufen wird. Ein Beteiligter, und am besten ist dies zuerst Ihr Gegenüber, wird mit der Kommunikation beginnen. Es hat gewisse Vor- und Nachteile, in einer Verhandlung mit einem eigenen Angebot zu eröffnen. Ich verweise an dieser Stelle nochmals auf Abschnitt 4.2 (Einflussfaktor Preis. Der heiße Tanz um den Preis) und die dort beschriebenen Beispiele der Preisfindung anhand der Fernsehformate „Bares für Rares" und „Die Superhändler".

Angebotsabgabe und die Folge

Es kommt zu einer Angebotsabgabe. Ihr Gegenüber nennt Ihnen einen Preis. Und nun kommt Ihre Stunde. Ihr Augenblick, auf den Sie so lange gewartet haben. Sie können jetzt alles in Ihre Waagschale legen. Egal wie gut oder schlecht der genannte Preis auch war, Sie werden ein entsetztes Gesicht machen. Diese Miene sollte unvergesslich für Ihren Gegner bleiben. Dieses Gesicht will er nicht noch einmal sehen. Mit einer derartigen Körpersprache hatte er nicht gerechnet. Merken Sie, wo die Reise hingeht? Wenn Sie gekonnt einen entsetzten Gesichtsausdruck aufsetzen, zeigen Sie eine Reaktion. Und um diese Reaktion geht es.

> **Empfehlung:** Setzen Sie gekonnt eine Miene auf, wenn der Preis genannt wird!

Bedenken Sie bitte, das Sie bis jetzt noch nichts zum Preis gesagt haben. Alles, was die Gegenseite von Ihnen weiß, ist die Tatsache, dass Sie entsetzt waren, als Sie den Preis hörten. Zum Basiswissen eines erfolgreichen Verhandlungsprofis gehört die Erkenntnis, einfach ein dummes Gesicht zu machen. Es kostet nicht viel und hat eine wunderbare Wirkung. Sie sind geradezu verpflichtet, diese Reaktion an den Tag zu legen. Es wird einfach von Ihnen erwartet, auch wenn es nicht eingefordert wird.

Aber was ist, wenn das Angebot so unverschämt gut ist, dass Sie kaum Luft bekommen?
Antwort: Bleiben Sie ruhig, machen Sie Ihre Miene und fordern Sie bitte mehr. Schließlich wollen Sie doch ein Verhandlungsexperte werden, oder nicht?

An dieser Stelle höre ich in Seminaren oft: „Sie können doch nicht Ihr Gegenüber überfordern/übervorteilen." Oder, noch empörter: „Sie können doch Ihren Verhandlungspartner nicht über den Tisch ziehen!"

Antwort: Alles richtig. Aber wer bitte schön, garantiert mir, dass dieses Geschäft in absehbarer Zeit überhaupt noch möglich ist? Beispiel: Coronakrise. Keiner! Und noch eine Überlegung: Gibt es in naher Zukunft den Markt überhaupt noch? Hoffentlich verstirbt mir der Verhandlungsgegner nicht zwischenzeitlich. Und was ist eigentlich, wenn der Lieferant nicht liefert? Ein befreundeter Kommilitone fand nach langer Suche einen Doktorvater. Leider verstarb dieser dann, sodass er seine geplante Promotion nicht fertigstellen konnte. Traurig, aber wahr.

Empfehlung: Wichtige Dinge sollten konsequent und vor allem zeitnah erfolgen. Sie haben über die aktuelle Situation Kontrolle, aber eine Minute später ist der Moment bereits wieder Vergangenheit.

Aus eigener Erfahrung kann ich Ihnen Folgendes versichern. Es gibt Interessenten, die sich heute eine Immobilie anschauen und vier Tage später vom Kauf einer Immobilie Abstand nehmen, da ihre Waschmaschine plötzlich den Geist aufgegeben hat. Dies mag weit hergeholt klingen, aber glauben Sie mir, die Stimmungen unserer Kunden sind so wechselhaft wie das Wetter. Aus dem Handwerk stammt der Spruch: „Schmiede das Werkstück, solange es noch heiß ist." Ein Schmied, weiß wovon er spricht.

Das Geschäft des Lebens?

Viele Mittelständler träumen von dem Geschäft ihres Lebens, das sie auf einmal reich macht. Wenn sich so ein Riesengeschäft anbahnt, spielen die Gedanken verrückt. Es entstehen Wünsche und Träume. Besonders als Jungunternehmer ist es sehr schwer, sich diesen gedanklichen Vorstellungen und Fantasien zu entziehen.

Ist ein junges Unternehmen eine Zeit lang sehr erfolgreich, verführt der Erfolg oft zu weiteren Investitionen oder Expansionen. In guten Zeiten ist das sicherlich richtig und gut. Aber bei schlechten Folgejahren ist es keine gute Idee. Denken Sie nur an die vielen gastronomischen Betriebe, zum Beispiel die Food-Trucks in der Coronakrise 2020.

Ein guter Indikator für eine Firma ist der Eingang von Anfragen mit der Bitte um eine Angebotsabgabe. Entweder kommen sie aus Empfehlungen, was die beste Zuführung wäre, oder sie resultieren aus unterschiedlichster Werbung, was für Sie kostspieliger ist. Doch Hauptsache, es tut sich was in puncto „Anfragen".

Klar ist auch, dass Sie nicht jeden Auftrag ausführen können. Bei der Vielzahl der Anfragen kommt es automatisch zu einer natürlichen

Selektion. Wichtig ist für Sie zu erkennen, was gut für Ihr Geschäft ist und was überhaupt nicht geht. Im erfolgreichen Umgang mit Anfragen sind Anzahlungen ein interessanter finanzieller Aspekt.

> **Empfehlung:** Anzahlungen können ein Prüfstein für den neuen Geschäftsvorgang sein. Sicherlich sind sie nicht in jedem geschäftlichen Bereich möglich, aber aus meiner Sicht empfehlenswert.

Die Gulaschkanone aus Remscheid

Eine Episode aus meiner Selbständigkeit im Catering-Business soll die Rolle der Anzahlung als Finanzierungsbaustein erläutern. Mitte 2016 bekam ich folgenden Anruf.: „Herr Wessels, wir benötigen für Samstag (gleiche Woche) ein Essen für circa 400 Personen. Angedacht sind zwei Suppen (Gulaschsuppe und Erbsensuppe, je 100 Liter) aus Ihrer Gulaschkanone." Anlass war die Einweihung eines Mehrfamilienhauses.

Nach zweijähriger Bauzeit sollte der gelungene Umbau der Öffentlichkeit nun präsentiert werden. Zur Einweihung waren bereits Pressevertreter und Politiker der Stadt eingeladen. Das Hauptanliegen war erstens, ob mein Catering den Auftrag mit so wenig Vorlauf ausführen kann und zweitens, ob der Termin noch frei wäre.

Nach einer kurzen Überprüfung meiner Termine antwortete ich, dass der Auftrag grundsätzlich ausgeführt werden könnte. Als Erstes ließ ich ihm sofort ein Angebot per E-Mail zukommen. Aufgrund der Kurzfristigkeit galt das Angebot nur einen Tag. Am selben Tag noch ging bereits per Fax die Auftragsbestätigung bei mir ein.

Der Deal war perfekt. Aber etwas machte mich stutzig: Warum kommt ein Bauträger so spät mit dieser großen Bestellung? Was war im Vorfeld passiert? War beispielsweise ein Vorlieferant ausgefallen oder gab es Schwierigkeiten mit einem anderen Auftrag? Bis heute ist mir nicht bekannt, was seinerzeit die wahren Gründe waren.

Doch die Geschichte ist noch nicht zu Ende. In der Anfrage steckte jede Menge Druck. Und Druck ist gefährlich beim Verhandeln. Der einzige Druck, der dem Verhandeln förderlich erscheint, ist der Druck durch Stille, aber dazu unter Abschnitt 7.3 später mehr. Was die Anfrage seltsam erscheinen ließ, war die Kurzfristigkeit. In Punkt 6.4 hatten wir in der Geschichte „Das dicke Ende: Forderung ohne Vertrag?" bereits erlebt, wie Makler mit solchen Dingen umgehen. Ziel ist es immer, ein mögliches Geschäft unter Dach und Fach zu bringen. Aber müssen wir eigentlich jedes Geschäft machen? Wilder Aktionismus hat nichts mit erfolgreichem Verhandeln oder Abschlüssen zu tun. Mehrumsatz sagt nichts über den Gewinn aus. Ich finde diesen Punkt so wichtig, dass ich ihn unter dem Punkt 6.5 (Das Nein des Käufers oder der Verzicht auf dieses und jenes) auf ihn zurückkommen werde.

Was der Anrufer nicht wusste, war die Tatsache, dass ich selbst fünf Jahre als Makler im Neubaubereich von Einfamilienhäusern tätig gewesen war. Mir waren daher die Gepflogenheiten der Baubranche nicht ganz unbekannt. Viele Konkurse im Mittelstand basieren auf fehlendem Geld. Da gerät ein Unternehmen in Schieflage, weil ein anderer Betrieb gar nicht oder viel zu spät zahlt. Ist man Teil einer solchen Kettenreaktion, bekommt man Probleme, die man vorher nicht hatte.

Zurück zum Deal: Was mir Sorgen bereitete, war die kurze Zeit und folgende Fragen:

- Würde der Auftraggeber zahlen?
- Wann würde er zahlen?
- Wieviel würde er zahlen?
- Wie groß ist mein finanzielles Risiko?

Weil ich noch nie mit dem Unternehmen ein Geschäft gemacht hatte, entschloss ich mich zu folgender Vorgehensweise: Ich rief den Mitarbeiter des Bauträgers einfach an. „Aufgrund der Kurzfristigkeit erbitte ich eine Anzahlung in Höhe von 75 % des vereinbarten Angebotspreises. Die Anzahlung soll binnen sechs Stunden per Blitzüberweisung auf mein Konto überwiesen werden. Sollte das nicht möglich sein, werde ich vom Vertrag zurücktreten, damit Sie noch genügend Zeit für die Suche nach einer Alternative haben. Sofort nach Eingang der Anzahlung wird mit der Vorbereitung der Suppen (Gulaschsuppe/ Erbsensuppe) begonnen."

Mir war klar, dass dieser Anruf zum Abbruch der Geschäftsbeziehung führen konnte. Vielleicht wollte ich es auch, unbewusst. Bei solchen Gelegenheiten denkt man an den Auftritt in einer fremden Stadt. Die Presse berichtet vom Event. Schöne Bilder von der Verköstigung steigern das persönliche Ego. Beste Werbung, die keinen direkten Cent kostet. Besser geht es nicht. „Aber was ist mit meiner Kohle?", dachte ich wieder.

Spielen wir kurz die Wirkungsweise einer Anzahlung im Normalgeschäft durch. Jeder meiner Kunden wurde stets in den AGB darauf hingewiesen, dass er zehn Tage, bevor der Event beginnt, eine Anzahlung in Höhe von 75 % zu leisten hat. Der Rest konnte bar am Tag des Events gezahlt werden. In der ganzen Zeit meiner Selbständigkeit wurde diese Abmachung immer eingehalten. Am Tag des Events erfolgte stets die restliche Zahlung in Bargeld.

Glauben Sie mir, ich konnte mich stets darauf verlassen. Wenn ich auf der Veranstaltung mit meiner Gulaschkanone (TFK 250 der Firma Kärcher) stand, war ich ein zentraler Eventpunkt, ein Hingucker und oftmals auch Höhepunkt der Veranstaltung.

Warum war die Barzahlung am Tag des Events eine gute Strategie? Erstens will der Auftraggeber während der Veranstaltung sicher keine Diskussion über Geld. Sein Hauptanliegen sind die Gäste, die er geladen hat und deren Zufriedenheit mit der Verköstigung. Zweitens: Wenn er bereits 75 % der Auftragskosten bezahlt hat, dann möchte er, dass die Veranstaltung auch erfolgreich ist. Überlegen Sie selbst: Was passiert wohl, wenn während der Verköstigung die Gulaschkanone eingepackt wird? Was denken wohl die Eventteilnehmer? Wer will das?

Empfehlungen:
- Fordern Sie eine Anzahlung und achten Sie gut auf die Reaktionen.
- Studieren Sie Ihre Gegenseite.
- Nehmen Sie nicht die Probleme anderer an.
- Muckt Ihr Kunde schon am Anfang einer neuen Geschäftsbeziehung, könnten weitere Schwierigkeiten folgen (müssen aber nicht).

Und wie ging die Geschichte weiter? Nach dem Telefongespräch mit dem Mitarbeiter des Bauträgers habe ich nie wieder etwas von der Firma gehört. Das war für mich völlig in Ordnung. Wie heißt es so schön: „Schließlich läuft man dem Geld nicht hinterher, sondern man geht ihm entgegen."

Am Anfang meiner Selbständigkeit empfand ich den Verlust einer Ausschreibung als persönlichen Verlust. Ich dachte, ich hätte verloren. Bis ich dahinter kam, dass es eine Frage der Wahrscheinlichkeit ist, wie sich erfolgreiche Geschäfte anbahnen und wie man an gute Aufträge kommt. Je mehr Kontakte generiert werden, desto mehr Möglichkeiten entstehen. Was denkt wohl ein Kaufhausbesitzer, der täglich seine Tore öffnet? Ist er sauer oder enttäuscht, wenn er von viertausend Artikel nur hundert an einem Tag verkauft hat? Nein. Seine Software verrät ihm, bei welchem Umsatz er seine Gewinnschwelle erreicht hat. Mit dem Verlust eines möglichen Auftrages muss man lernen, gut umzugehen.

6.5 Das Nein des Käufers

Oder der Verzicht auf „dieses oder jenes"
Wir haben die ganze Zeit vom Nein aus der Sicht des Dienstleisters gesprochen. Aber was ist mit dem Verzicht des Käufers auf „dieses oder jenes"? Ein gut betuchter Freund scherzte einmal in Bierlaune, sein Geld hätte er nicht durch Ausgeben erwirtschaftet. Es resultiere

aus Geld, dass er bewusst nicht ausgegeben habe. Jeder muss für sich selbst entscheiden, was dies für ihn bedeutet. In diesem Zusammenhang möchte ich nochmals auf Punkt 2.1 (Die richtige Einstellung zum Geld) verweisen. Dort ging es um den berühmten Marshmallow-Test. Frühkindliche Verhaltensweisen können Hinweise über das spätere Kaufverhalten geben. Ein Dauerthema. Wir können den Test und seine Wirkungsweise auf unser späteres Kaufverhalten nicht zu hundert Prozent bestätigen. Sicherlich gibt er aber eine Vielzahl an Kunden, die so stimuliert werden.

Ein Nein hat so etwas Endgültiges. Bei scharfen Verhandlungen folgt oft Rache oder Vergeltung. „Na warte, nächstes Mal ..." Denken Sie nur an die Menschen, die spontan ihre Kommunikation einstellen. Diese Menschen können einen bis zur Weißglut bringen. An dieser Stelle stellt sich eine grundsätzliche Frage: Ist „dieses oder jenes" überhaupt erforderlich oder notwendig?

Empfehlungen für den Verhandlungsbeginn:
- Erklären Sie zu Beginn einer Verhandlung, dass Sie gewillt sind zu verhandeln.
- Lassen Sie Flexibilität erkennen, die einem Kauf oder Verkauf förderlich erscheint.
- Erklären Sie weiter, dass Sie dazu bereit sind, unter Umständen Kompromisse zu machen.
- Machen Sie aber deutlich, dass Sie von Ihrem Verhandlungspartner ebenfalls Kompromissbereitschaft erwarten. Sie seien zu vielem bereit, aber nicht zu jedem Preis.
- Erklären Sie schon im Vorfeld, jederzeit von der Verhandlung grundsätzlich Abstand nehmen zu können.
- Wenn die Konditionen nicht stimmen, kommt es nicht zum Handel. Somit haben Sie beste Chancen, als Sieger aus dem , Verhandlungswettkampf hervorzugehen.

Beim erfolgreichen Verhandeln geht es in der Regel darum, eine Einigung zu erzielen. Aber bitte nicht auf Ihre Kosten! Deshalb ist es manchmal ganz gut, einfach Nein zu sagen. Ein direktes oder indirektes Nein zu einer Sache oder zu einem Vorhaben kann durchaus eine Kunst sein. Die folgende Geschichte illustriert, was passiert, wenn ein Nein nicht möglich scheint.

Jetzt bin ich doch extra hergefahren!
Im Internet wird ein gebrauchter Audi A6 angeboten. Ein Kunde aus der Nachbarstadt interessiert sich für den Audi. Es wird ein Besichtigungstermin vereinbart, der Pkw wird reserviert. Der Preis des Wagens ist marktgerecht, dennoch möchte der Interessent vor Ort noch weiterverhandeln. Schließlich sind Internetpreise oft noch verhandelbar, denkt er.

Nach der Besichtigung und Probefahrt erklärt der Interessent, er möchte das Fahrzeug erwerben. Er weist aber auf diverse Mängel hin, um den Preis zu drücken. Der Händler möchte den Preis nicht weiter reduzieren, da die kleinen Kratzer im Lack bereits im aktuellen Preis berücksichtigt worden sind. Der Interessent bietet 19.000 € in bar. Der Händler lehnt ab. Der Interessent bietet 19.700 € in bar und legt die Scheine auf den Tisch. Der Händler überlegt.

Grundsatz: Für den Käufer ist es vorteilhaft, die Kaufsumme in bar dabei zu haben. Der Anblick von Bargeld erhöht die Bereitschaft, auch ein niedriges Angebot anzunehmen.

Der Händler lehnt das Angebot jedoch ab und bietet statt dem Preisnachlass eine kostenlose Inspektion an. Der Interessent besteht auf dem Preisnachlass und verlässt empört das Büro. Und der Händler? Er ist sich nicht mehr sicher, ob er den Audi später noch so gut verkaufen kann, bleibt aber konsequent.

Eine Stunde ist vergangen. Der Interessent will seine Rückfahrt nicht ohne eine erfolgreichen Verhandlungsabschluss antreten. Er kehrt zurück und geht auf den Handel ein. Er zahlt den Ursprungspreis von 19.999 €.

Wie kam es dazu, dass der Händler den Wagen ohne jeden Preisnachlass verkaufte? Wenn Interessenten eine längere Anfahrt haben, stärkt dies meist die gegnerische Verkaufsseite. Es fällt den Interessenten meist sehr schwer, nach einer weiten Anfahrt unverrichteter Dinge zurückzukehren. Vielleicht hat er auch nur zu hoch gepokert. Der Händler hatte die Macht, einfach Nein zu sagen.

Viele von uns scheitern, weil sie nicht Nein sagen. Glauben Sie, dass ein Nein zu Ihrer Bewerbung die Firma traurig stimmt? Eher nicht. Erst wenn erkannt wird, welcher gute Mitarbeiter nicht eingestellt wurde, führt dies zu einem Bedauern. Allerdings gibt es noch etwas Weiteres, was wesentlich ist für ein Nein.

Es ist ganz natürlich, vieles gerne haben zu wollen. Oftmals treibt uns auch das Gefühl, etwas erwerben zu müssen. Dahinter steckt jedoch ein Wunsch, kein Zwang. Dies gilt auch für wichtige Personalgespräche. Die Gefahr ist sehr groß, dass Sie die Verhandlung schnell verlieren, wenn Sie dem Wunsch folgen, den Mitarbeiter auf jeden Fall halten zu wollen. Denken Sie bitte daran, dass Sie auch dann Nein sagen können.

Vom Etwas-unbedingt-haben-Müssen

Im Folgendem werde ich Ihnen einige Fragen auflisten, die Sie zu weiteren Überlegungen anregen sollen. Im Vordergrund steht die Formulierung „müssen".

1. Es gibt kein Auto, das Sie haben müssen.
2. Es gibt keinen Vertrag, den Sie abschließen müssen.
3. Es gibt keine Immobilie, die Sie unbedingt kaufen müssen.
4. Es gibt keine Maschine, die Sie bei diesem Händler kaufen müssen.
5. Es gibt keinen Angestellten, ohne den Sie nicht auskommen können!

Grundsatz: Bei einer Verhandlung, in der Sie ein Nein hören, gibt so etwas wie einen „geistigen Punkt". Wird dieser überschritten, verlieren Sie die Verhandlung.

Was meine ich mit „geistiger Punkt"? Einerseits ist es gut zu wissen, was man will. Andererseits führen persönliche Wünsche bei Verhandlungen auch zu falschem Ehrgeiz. Falscher Ehrgeiz kommt dann ins Spiel, wenn Sie den „geistigen Punkt" überschreiten. Es ist der Zeitpunkt, an dem Sie nur noch weiter verhandeln wollen, um Ihr „Recht" zu bekommen. Und das alles unter der Devise: „um jeden Preis". Sie wollen die Verhandlung nicht mehr abbrechen. Sie denken beispielsweise …

1. Ich werde es schaffen.

2. Ich werde den besten Preis bekommen.

3. Nichts auf der Welt kann mich davon abbringen, diese Verhandlung erfolgreich zu beenden.

Dieses Phänomen sieht man oft bei Versteigerungen. Die Auktionspreise erreichen astronomische Höhen, die im normalen Geschäft nicht denkbar wären. Hier wird oftmals das Bietergefecht zum Produkt und das Bieterobjekt gerät in den Hintergrund.

Empfehlung: Sie wollen sich Ihre Wünsche erfüllen. Ohne Reue gelingt Ihnen das aber nur, wenn Sie bereit sind, auch Nein zu sagen. Also sagen Sie beizeiten: Stopp! Legen Sie eine bestimmte Grenze fest. Und nehmen Sie Ihre Frau oder Ihren Mann mit!

6.6 Die Lüge als nützlicher Helfer

Es gibt natürliche Hürden im Abschlusspoker:
1. Die höhere Stelle
2. Die höhere Stelle und ihr Preis
3. Die Hintertür

1. Die höhere Stelle

Ist es eigentlich immer gut, in jeder Situation die volle Entscheidungs-macht zu haben? Nein! Man könnte zwar annehmen, dass sie in Ver-handlungen optimal ist. Tatsache ist aber, dass Sie dadurch in eine schwächere Position versetzt werden. Weiß Ihr Verhandlungspartner, dass Sie über alle Aspekte selbst entscheiden können, wird er dies auch von Ihnen erwarten. Aber es geht auch anders!

Die höhere Stelle, auf die Sie sich unter Umständen berufen, ist Ihre stets geöffnete Tür, durch die Sie entwischen können, wenn es nötig ist. Sie verlieren möglicherweise zwar ein wenig an Autorität, gewinnen aber an Flexibilität. Hierzu einige Beispiele:

- Ich muss es noch mit meinem Vater (Onkel, Sohn, Bruder, Schwager, Steuerberater, Finanzmanagement) besprechen. Er ist momentan im Ausland, kommt aber nächste Woche wieder zurück.
- Mir sind hier die Hände gebunden, ich muss noch mit … sprechen, damit ich es entscheiden kann.

Je unerreichbarer Ihre „höhere Stelle" ist, desto besser. Auf diese Weise verhindern Sie, dass sich Ihr Gegenüber nach Namen und Per-sonen erkundigt und eventuell selbst Kontakt aufnimmt. Am besten eignet sich ein Ausschuss, Vorstand oder Komitee und eben nicht eine Einzelperson, deren Kontaktdaten unter Umständen ermittelt werden kann.

Beispiele für „höhere Stellen":

- die Jury
- der Beirat
- der Verband
- das Komitee
- der Vorstand
- die Hauptstelle
- der Arbeitskreis
- die Kommission
- der stille Teilhaber

Die fiktive Verlagerung von Verantwortlichkeit bietet eine ganze Reihe von Vorteilen. Einige davon habe ich nachfolgend für Sie aufgeführt, aber je nach Art der Verhandlung lässt sich diese Liste noch weiter ergänzen. Unter Umständen können Sie mit der Berufung auf höhere Institutionen auch Druck in einer Verhandlung aufbauen.

Vorteile im Einzelnen:

- Sie gewinnen Zeit
- Zusagen bleiben unverbindlich
- Eine direkte Konfrontation wird vermieden
- Der Druck wird aus der Verhandlung genommen
- Weitere Zugeständnisse können verhindert werden
- Der Entscheider wird zum Berater und Verbündeten
- Kleine Zugeständnisse wirken mit der Zeit wie große Erfolge
- Gezielte Verschleppung des Verhandlungsprozesses (Ermüdungstaktik)

So vorteilhaft diese Taktik ist, gibt es doch auch ein paar Nachteile, mit denen Sie rechnen müssen. Wenn Sie beispielsweise Ihre Kompetenz verlagern, besteht die Gefahr, dass Sie an Glaubwürdigkeit oder Autorität verlieren und damit zum schwächeren Verhandlungspartner werden. Diese Risiken gibt es:

- Verlust an Glaubwürdigkeit
- Verlust an Kundenzufriedenheit
- Verlust der straffen Gesprächsführung
- Verlust an Macht und Autorität sowie Kompetenz
- Gefahr des Auftragsverlustes, bedingt durch den höheren Zeitaufwand

Damit Sie möglichst glaubwürdig bleiben, müssen Sie Gründe nennen, warum Sie sich auf eine höhere Stelle berufen. Das können auch Allgemeinplätze sein, etwa: „Das sind nun einmal die Spielregeln." Auf diese Antwort hin könnte Ihr Gegenüber jedoch verlangen, dass die Spielregeln in Ihrem Fall ruhig geändert werden können. Überzeugender sind daher konkrete und projektbezogene Gründe wie „Das ist in jeder unserer Filialen so üblich." Nun müsste Ihr Gesprächspartner diese von Ihnen als Tatsache präsentierte Behauptung erst einmal widerlegen, um sich gegen Ihre Verhandlungspraxis wehren zu können. Oder er müsste verlangen, dass die grundsätzliche Filialpraxis verändert wird. Ein Wunsch, den wohl kaum ein Kunde äußern mag.
Mögliche Argumentationen:

- „So läuft das hier."
- „Das sind die Regeln."
- „So ist nun mal der Antragsweg."
- „Das ist in der Software nicht möglich."
- „Das würde der Vorstand nicht genehmigen."
- „Das sind unveränderbare Regeln im System."
- „Unsere Revision würde das nicht akzeptieren."
- „Die Konditionen sind in ganz Deutschland gleich."
- „Das ist in jeder unserer Filialen in Deutschland so üblich."
- „Die Notarkammer würde ein solches Vorgehen nicht billigen."
- „Da müssen Sie sich schon nach unseren hausinternen Abläufen richten."

Weitere Beispiele:
- „Ich muss den Sachverhalt zuerst mit meinem Teilhaber besprechen, bevor wir eine Entscheidung fällen können."
- „Ich muss Ihre Offerte erst dem Finanzausschuss vorlegen. Wir werden Ihnen dann Bescheid geben."
- „Ihr Antrag liegt der Kommission vor, wir kommen dann wieder unaufgefordert auf Sie zurück."

Maschinenkauf zum besten Preis

Nehmen wir an, Sie wollen eine Maschine kaufen – natürlich zum bestmöglichen Preis. Hier kann Ihnen die höhere Autorität gute Dienste leisten, zum Beispiel, wenn Sie sich auf einen Geschäftspartner berufen, mit dem Sie das Angebot erst besprechen müssen. Sie beginnen

Ihr Verkaufsgespräch folgendermaßen: „Ich würde gerne diese Maschine bei Ihnen kaufen. Zuerst aber muss ich das mit unserem Vorstand (Teilhaber, Geschäftspartner, Partner) besprechen." Die leicht aggressive Gegenfrage folgt auf dem Fuß: „Warum kommen Sie dann allein, wenn Sie nicht ohne … entscheiden können? Tut uns leid, wir verhandeln nur mit direkten Entscheidern. Wir favorisieren stets den persönlichen Kontakt. Kommen Sie doch nächstes Mal in Begleitung Ihres Teilhabers."

Am nächsten Morgen melden Sie sich noch einmal mit den Worten: „Mein Kollege und ich haben noch lange über Ihre neue Maschine per Videokonferenz gesprochen. Wir sind uns nicht sicher, ob sich diese Investition zu dem Preis innerhalb von fünf Jahren amortisiert." Ergebnis? Kein Abschluss.

Eine Woche später rufen Sie an und sagen: „Ach wie schade, jetzt haben wir so viel Zeit in dieses Projekt gesteckt, und es wird vielleicht doch nichts." Wenn Sie den bereits gemachten Zeitaufwand oft genug betonen, bekommen Sie eventuell ein neues Angebot vom Verkäufer und das Spiel kann von Neuem beginnen.

2. Die höhere Stelle und der Preis

Vertreter: „Ich gehe davon aus, dass Sie die Befugnis haben, eine Entscheidung treffen zu können?"

Einkäufer: „Offen gesagt, dies hängt vom Preis ab!"

Vertreter: „Ich würde Ihnen ein gutes Angebot in Höhe von 27.000 € machen."

Einkäufer: „Ich kann vieles entscheiden, aber dieses Angebot werde ich … einreichen und mit ihm besprechen. Eigentlich schade, ich war davon ausgegangen, dass Sie unter 22.000 € liegen würden, denn ich bin nur befugt, bis zu diesem Preis allein zu entscheiden."

Grundsatz: Preisverhandlungen sind ein klassischer Bereich für den „Einsatz der höheren Stelle", da hierdurch der Verhandlungsprozess verzögert werden kann – ein Vorteil für den Einkäufer, ein Nachteil für den Verkäufer.

So entsteht, wie etwa in dem vorigen Beispiel, durch die Verlagerung der Autorität auf eine Person, die nicht anwesend ist, ein möglicher Verhandlungsvorteil. Ein Händler, der den Verkauf abschließen will, wird hier eher mit dem Preis heruntergehen, statt sich auf langes Warten einzustellen.

Empfehlung: Verhandeln Sie möglichst immer mit der Person, die auch die Entscheidung treffen kann, die Sie benötigen. Damit Ihnen das gelingt, müssen Sie natürlich vor Beginn der Verhandlung zunächst einige Fragen stellen.

Mögliche Fragen:

- In welcher Funktion agieren Sie?
- Wer ist für mein Anliegen zuständig?
- Bis zu welchem Preis können Sie allein entscheiden?
- Wie viel Verhandlungsspielraum hat mein Ansprechpartner?
- Gibt es finanzielle Grenzen, die wir nicht überschreiten sollten?
- Hat mein Verhandlungspartner die volle Entscheidungsfreiheit?

Für eine erfolgreiche Verhandlung empfiehlt sich eine moderate und einfühlsame Formulierung der Fragen. Schließlich wollen Sie nicht schon am Anfang Ihren Verhandlungspartner vor den Kopf stoßen. Kommen wir nun zu einem weiteren Phänomen: der unbekannten Hintertür.

3. Die Hintertür

Stätten des verbotenen Glückspiels haben in ihren dunklen Pokerräumen neben der Haupteingangstür immer auch einen zusätzlichen Nebenausgang, der gern bei einer Polizeirazzia für ein rasches Verschwinden von einzelnen Mitspielern genutzt wird. Wir sprechen hier von der ominösen „Hintertür". Auch in der ganz alltäglichen Geschäftswelt suchen Menschen ständig nach Möglichkeiten, die es ihnen erlaubt, sich aus einer Sache, einem Sachverhalt lautlos zu verabschieden. Sie sind häufig nicht gewillt eine Entscheidung zu treffen oder die persönliche Verantwortung zu übernehmen.

Jetzt geht es darum, dass Sie lernen festzustellen, wie hoch die Wahrscheinlichkeit eines möglichen Abschlusses ist. Schließlich wollen wir doch alle keine unnütze Zeit in sinnlose Gespräche verlieren, oder?

6.7 Die „unverbindliche Beratung"

Stellen wir uns vor, Sie betreiben ein Geschäft für Innenraumdesign. Ein junges Paar betritt zum ersten Mal Ihr Designbüro. Die Frau erklärt Ihnen, dass sie sich erst einmal zusammen mit ihrem Partner „schlau machen will". Mit anderen Worten: Das Paar ist wahrscheinlich vorerst nur an einer unverbindlichen Beratung interessiert. Sie aber führen jeden Tag rund sieben solcher Beratungen ohne anschließenden Auftrag durch. Keine Frage, eigentlich können Sie sich solch eine unverbindliche Beratung nicht leisten. Ebenso wenig wollen Sie einen möglichen Auftraggeber verärgern. Zudem erlaubt es der Ruf Ihres Unternehmens nicht, im Erstgespräch bereits ein Honorar zu verlangen. Nun gut, das Paar stellt Ihnen sehr spezielle Fragen und argumentiert sachkundig. Schließlich wünscht sich das Paar eine kostenlose Vorplanung von Ihnen. Diese Vorplanung kostet Sie rund 250 €. Der Verlauf des geführten Gespräches vermittelt Ihnen auf direkte und indirekte Weise wertvolle Informationen.

Zum einen wird erkennbar, dass es sich bei diesem Gespräch nicht um eine Erstberatung der Kunden handelt. Zum Zweiten wird Ihnen bewusst, dass sich das Paar in einer sehr kreativen Phase befindet. Folgende Fragen gehen Ihnen durch den Kopf:

- Was will das Paar konkret?
- Wie weit ist es noch bis zur Entscheidung?
- Welches Wissen benötigt das Paar, um eine Entscheidung zu treffen?
- Wie hoch ist die Wahrscheinlichkeit, dass es zu einem Auftrag kommt?
- Welches Käufer-/Verkäufer-Verhältnis muss geschaffen werden, um an einen möglichen Auftrag zu kommen?
- Wann spreche ich die notwendigen Gebühren an? Sie führen gelegentlich zu einem Stillstand oder Abbruch der Verhandlungen.

Da Sie noch nicht abschätzen können, ob sich die Investition von Zeit und Aufwand in die Beratung des Paares lohnt, gilt es nun, diese Einschätzung mithilfe sehr gezielter Fragen vorzunehmen. Diese Fragen ergeben eine Ist-Analyse, die Ihnen eine Einschätzung des Auftragspotenzials erleichtert, die Kundenbindung verstärkt und Sie dazu als kompetenten Ansprechpartner ausweist. Folgende Fragen sind denkbar (Ist- Analyse):

- Wie lange suchen Sie schon?
- Wie sind Sie auf uns gekommen?
- Wie viele Beratungen hatten Sie schon?
- Wann wollen Sie mit den Arbeiten beginnen?
- Welche Erfahrungen haben Sie bereits gemacht?
- Wer wird die notwendigen Arbeiten durchführen?
- Welche Arbeiten von uns haben Sie schon gesehen?
- Welche Kosten haben Sie für Beratung und Umbau geplant?
- Gibt es Gründe, warum sich ein möglicher Start verzögern könnte?
- Haben Sie in Ihrem Bekanntenkreis Fachleute, die Ihnen zur Hand gehen?
- Wie viele Architekten haben schon Ihre Räume in Augenschein genommen?

Manche dieser Fragen sind allgemeiner Natur, wie etwa Adressdaten oder Ähnliches, andere sind konkret auf den Auftrag bezogen. Sie schaffen eine gewisse Verbindlichkeit, belegen Ihre Kompetenz und Ihren Weitblick. Wichtig ist natürlich, die Antworten des Gegenübers tatsächlich zur Kenntnis nehmen, durch besonders aufmerksames Zuhören und durch schriftliche Notizen.

Auch wenn Sie viele sinnvolle Fragen stellen, ist nicht gesagt, dass alle Antworten wirklich aufschlussreich sind und zielsicher zu einem Auftrag führen. Deshalb empfehle ich Ihnen zur Beschleunigung des Entscheidungsprozesses eine „Königsfrage" zu nutzen. Ihr Zeitpunkt ist sorgsam zu wählen. Nicht zu früh, aber auch nicht erst nach, sagen wir, vierzig Minuten. Sie werden ein Gefühl dafür entwickeln, wann ein geeigneter Moment gekommen ist.

Königsfrage: „Was hindert Sie daran, uns heute einen Auftrag zu erteilen?"

Oder, anders gefragt: „Wenn Ihnen die Vorabberatung zusagt, gibt es dann noch einen Grund, heute keine Entscheidung zur Auftragserteilung zu treffen?"

Diese Fragen sollten Sie, wie bereits erwähnt, so früh wie möglich stellen. Zu diesem frühen Zeitpunkt ist eine Entscheidung aus Sicht des Kunden noch unverbindlich; für Sie aber soll sie möglichst bald getroffen werden.

Können Königsfragen auch Negatives bewirken?

Der ungünstigste Fall:

Der Kunde empfindet es als anmaßend, von Verpflichtungen, also Aufträgen und Entscheidungen, zu sprechen. Der Kunde will nicht ausführlich befragt werden. Der Kunde betont, dass er Wissen abfragen will und nicht gewillt ist, persönliche Informationen preiszugeben. Der Kunde ist zu keiner Entscheidung bereit.

Dem Kunden Fragen zu stellen, stellt diesen vor eine Herausforderung. Eine Herausforderung aber, die sich für Sie als Unternehmer lohnt. Schließlich hat der positive Fall wichtige Konsequenzen, die Sie im Verkaufsprozess wertvolle Schritte voranbringen.

Der beste Fall:
- Sie können den Kunden besser einschätzen.
- Sie können Ihre Verkaufsstrategie im Gesprächsverlauf neu ausrichten.

- Sie ahnen, wie lange es noch dauern wird, bis die Entscheidung getroffen ist.
- Sie wissen, in welcher Phase des Entscheidungsprozesses sich Ihr Gegenüber befindet.
- Der Kunde kann sich nicht zu einem späteren Zeitpunkt auf einen scheinbaren Grund für eine negative Entscheidung berufen (die ominöse „Hintertür"!)

Selbst auf die Gefahr hin, dass der Kunde negativ auf die Königsfrage reagiert, überwiegen die Chancen eines positiven Gesprächsausgangs. Denn die Antworten auf die gestellten Fragen eröffnen Ihnen auf vielerlei Weise nutzbares Wissen. Ist Ihr Gesprächspartner noch nicht bereit, eine Entscheidung zu treffen, wird er auf Nachfrage entweder konkrete Gründe für den Aufschub nennen oder versuchen, die fehlende Entschlussfreudigkeit zu entschuldigen.

Mögliche Fragen und Antworten:
Kunde: „Ob ich Ihnen den Auftrag erteile, hängt offen gesagt von Ihrer Verhandlungsbereitschaft ab."
Ihr Kommentar: „Welche Flexibilität erwarten Sie?"
Kunde: „Entscheidend für meine Wahl des Anbieters ist, offen gestanden, das Preis-/Leistungsverhältnis."
Ihr Kommentar: „Mit welchen Preisen rechnen Sie?"
Kunde: „Unsere Entscheidung für den richtigen Anbieter hängt von mehreren Faktoren ab."
Ihr Kommentar: „Was meinen Sie genau?"
Kunde: „Ob ich Ihnen den Auftrag erteile, hängt von Ihren Konditionen ab."
Ihr Kommentar: „Welchen Nachlass erwarten Sie?"
Kunde: „Um Ihnen die Wahrheit zu sagen: Meine Eltern steuern zur Einrichtung der Wohnung 10.000 € bei."

Ihr Kommentar: „Die Eltern wollen doch sicherlich über den jeweiligen Sachstand informiert werden. Wer wäre denn dann der beste Ansprechpartner oder bleiben wir unter uns?"

Mit der direkten Reaktion auf die Kommentare des Kunden lassen sich weitere Informationen einholen und versuchte Ausflüchte entkräften. Durch Ihre Nachfrage wird der potenzielle Kunde, wenn auch höflich, gezwungen, über die Möglichkeit, sich sofort zu entscheiden, unmittelbar nachzudenken. Denn entscheiden muss er sich ohnehin, und das weiß er auch.

Grundsatz: Wichtig ist in jedem Fall, konkrete Informationen einzuholen und in der aktuellen Gesprächssituation möglichst viele relevante Entscheidungen zu forcieren.

Doch die gezeigten Beispiele des möglichen Gesprächsverlaufs enthielten auch zwei Kundeninformation, die von besonderer Informationskraft sind: „Meine Eltern steuern 10.000 € bei" – eingeleitet durch die Formulierung: „Um Ihnen die Wahrheit zu sagen". Was wissen wir jetzt? Die Gesamtfinanzierung scheint gesichert zu sein. Welches Mitspracherecht die Eltern erwarten, bleibt noch offen. Was aufstößt, ist die Formulierung: „Wahrheit". Diese Formulierung führt zur Frage: War der Kunde vorher nicht ehrlich oder handelt es sich hier um eine Legitimierung?

Empfehlung: Achten Sie auf Formulierungen wie: „ehrlich gesagt", „offen gestanden" oder „genau genommen". Sie sind als Rechtfertigungen zu werten.

Wenn Sie die folgenden Bemerkungen hören sollten, dann fragen Sie sich am besten sofort, was Ihr Kunde eigentlich damit meint. Ähnliche Wendungen, die Sie aufhorchen lassen sollten, sind:

- „Nebenbei bemerkt ..." (Vorsicht, hier wird beiläufig etwas erwähnt, das aber wichtig ist).
- „Ich möchte nicht unhöflich sein ..." (Ja, dann bleiben Sie doch freundlich!).
- „Ich will ihnen nicht zu naher treten ..." (Ja, dann tun Sie es auch nicht).

Passen Sie bei derartigen Formulierungen besonders gut auf. Hören Sie gut zu und fragen Sie sich immer wieder, was denn eigentlich gemeint ist.

Vorsicht sollten Sie auch bei diversen Ausflüchten walten lassen, zum Beispiel:

- „Wir werden uns sicher einig."
- „Wir wollen nichts überstürzen."
- „Ich bin nach wie vor überzeugt."
- „Es wird sicher einen Weg geben."
- „Wir müssen das alles noch im Detail abklären."
- „Es fehlen uns noch weitere wichtige Informationen."
- „Wir müssen erst noch sehen, wie sich alles entwickelt."

Viele zunächst positiv klingende Formulierungen dienen dem potenziellen Kunden vor allem dazu, die Entscheidung zu vermeiden. Ziel ist oft nur eines: Zeit zu gewinnen. Bei diesen Ausflüchten rate ich zur sofortigen Klärung.

Empfehlung: Sammeln Sie möglichst viele Informationen, stellen Sie Fragen, nutzen Sie auch Ausflüchte, um weiter nachzufragen und die Entscheidungsfindung voranzutreiben. Wenn es bei einem Thema stockt, wechseln Sie zu einem anderen. Die Lösung von scheinbar kleinen Problemen führt zur Gesamtlösung.

Prioritäten ändern sich schnell. Im Laufe der Zeit wird aus Begeisterung oft Ernüchterung. Deshalb gilt es, einen Vertrag möglichst schnell

abzuschließen und nicht erst in zwei Wochen. Wichtig dabei ist allerdings, dass dies ohne erkennbaren Druck geschieht. Die wichtigsten
Grundsätze der Verhandlungsführung lassen sich in wenigen Zeilen zu-
sammenfassen.

Grundsätze der Verhandlungsführung:

- Die Königin der Information ist die Frage.
- Erfolgreiche Gespräche verlaufen ohne erkennbaren Druck.
- Erfolgreiches Verhandeln beruht auf straffer Gesprächsführung.
- Die Entscheidungsfindung wird von Verhandlungsbeginn an
  konsequent verfolgt.
- Zielgerichtete Verhandlungsprozesse arbeiten jederzeit auf eine
  zeitnahe Entscheidung hin.

7 Sechs einfache Strategien für den Alltag

7.1 Der Brotkanten

Am Morgen nach dem Kennenlernen wird erstmals zusammen gefrühstückt. Zur Freude des Tages wurde ein neues Brot vom Bäcker geholt. Inmitten des Frühstücks geht es plötzlich um das frisch angeschnittene Brot. Wer von beiden wird den Brotkanten essen?

Die Frau fragt: „Peter, möchtest du den Kanten?" Der ursprüngliche Gedanke der Frau war: „Ich liebe zwar das Brotende wegen der Kruste, aber vielleicht mag er sie auch." Peter antwortet: „Ja, ich nehme ihn." Der ursprüngliche Gedanke des Mannes war: „Ich mag eigentlich keinen Brotkanten. Aber dann braucht meine Frau ihn nicht zu essen."

Dieser Dialog fand vor circa 25 Jahren statt, und noch heute beschäftigt sich Peter mit dem Brotkanten, den er nicht mag. Beide wollen dem anderen etwas Gutes tun. Beide sind mit der Situation nicht zufrieden. Zweisamkeiten werden emotional im Himmel geschlossen. Allerdings kommen von dort auch Blitz und Donner. Vorsicht ist daher angebracht. Hinterfragen Sie die Motive Ihrer Gesprächspartner und versuchen Sie, die wahren Beweggründe zu erkennen.

7.2 Die kleine Beule

Der Deutschen liebstes Kind ist ihr Auto. Wehe, mit ihm geschieht etwas oder es wird nicht ordentlich behandelt. Dann können Sie etwas erleben! Ein kleines Beispiel: Ein Mechaniker fährt im Autohaus eine kleine Beule an ein Fahrzeug. Der verursachende Mechaniker verschweigt den Vorfall in der Hoffnung, dass der Kunde und der Werkstattmeister den Schaden nicht bemerken. Außerdem stuft er den Vorfall als Bagatelle ein. Der Kunde bemerkt den Schaden wie erhofft zunächst nicht und fährt mit dem Wagen davon.

Wider Erwarten kehrt der Kunde am nächsten Tag in die Werkstatt zurück und beschwert sich über die neue Beule: „Die Beule war vorher nicht da!" Der Mechaniker erwidert: „Die Reparatur hat die Beule nicht verursacht. Wir hatten doch nur vorn im Bereich des Motorraums zu tun. Eigentlich ist die kleine Vertiefung nur nach intensiver Suche zu finden, also nicht der Rede wert."

In der folgenden Diskussion beharren beide auf ihrer Position. Die Situation spitzt sich immer mehr zu. Die Emotionen kochen hoch, niemand nimmt sich die Zeit, rationale Überlegungen anzustellen. Es kommt zum Streit. Der Kunde droht sogar mit einem Anwalt. Schließlich wird der Konflikt der Geschäftsleitung vorgetragen. Der Geschäftsführer war nicht in den Streit direkt verwickelt und ist daher vollkommen sachlich. Als Schlichter lässt er sich von den Beteiligten ihre Sicht der Dinge schildern. Er kommt zu dem Ergebnis, dass die Schuld wohl bei der Werkstatt/beim Autohaus und nicht beim Kunden liegt.

Natürlich war es die Schuld des Mechanikers. Unter anderen Umständen hätte er es sicherlich auch zugegeben. Aber durch die aufgepeitschten Emotionen, die sich im Laufe des Dialogs entwickelten, war es keinem der Gesprächspartner mehr möglich, in irgendeiner Form einzulenken. Auf beiden Seiten war eine Abwehrhaltung entstanden, die einem Schuldeingeständnis des Mechanikers und einer Lösungsfindung im Wege stand.

Auf der Suche nach einer Lösung fragt der Geschäftsführer den Kunden: „Was denken Sie, Herr Pingelig, was wir nun für Sie tun könnten?" Er denkt insgeheim: „Hoffentlich will der Kunde keine neue Lackierung". Der Kunde, der sich inzwischen wieder beruhigt hat, erwidert: „Na ja, es ist ja schon ein alter Wagen. Aber ich hänge an ihm. Es wäre gut, wenn Sie mir in Ihrer Lackiererei einen Behälter mit etwas Farbe abfüllen könnten, die ich dann zum Ausbessern nutzen kann."

Grundsatz: Wer sich nicht auf sein Gegenüber einlässt, sondern sich stattdessen schnell in Emotionen verstrickt, verhindert oft ganz einfache Lösungen. Wer hingegen nicht emotional beteiligt ist, eignet sich als Verhandlungspartner mit guten Ergebnissen.

Nicht immer ist eine derartige Eskalation mit einer einfachen Lösung zu klären. Hartnäckige Strategen hätten eine Teillackierung verlangt. Selbst alte Schäden, die bereits vor dem Werkstattbesuch vorhanden waren, wurden schon auf Kosten vieler Werkstätten reguliert. Daher versteht es sich auch, dass der Gegenstand der Reparatur vor Beginn der Werkstattleistung auf Vorschäden kontrolliert werden sollte. Und dies geschieht am besten in einer Direktannahme mit viel Licht und einer Hebebühne.

7.3 Der kleine Gefallen

Stellen Sie sich folgende Situation vor: Ein Bekannter kommt mit den Worten auf Sie zu: „Ich möchte Sie um einen sehr großen Gefallen bitten!" Es entsteht eine Pause von etwa drei Sekunden. In dieser Zeit schießen Ihnen alle möglichen Gedanken durch den Kopf:

Was will er von mir?

Vielleicht will er sich 500 € von mir leihen?

Vielleicht will er sich 2.000 € von mir leihen?

Vielleicht will er sich mein Auto für den Urlaub leihen?

Die drei Sekunden sind vorbei, und Ihr Bekannter führt seine Bitte genauer aus. Sie erfahren, dass er sich 50 € von Ihnen borgen möchte. Dieser Betrag erscheint wie eine Kleinigkeit im Vergleich zu Ihren Vermutungen. Vorausgesetzt, Sie verfügen über die benötigte Geldmenge, sind Sie schnell bereit, diesen Gefallen zu erfüllen.

Empfehlung: Wenn Sie jemanden um einen kleinen Gefallen bitten wollen, blasen Sie die Größe des Gefallens auf. Je mehr Sie übertreiben, umso schneller wird er gewährt.

7.4 Der Versuchsballon

Nehmen wir an, Sie sind Geschäftsführer eines Unternehmens und haben etwas beschlossen. Sie sind sich aber nicht ganz sicher, wie die Belegschaft darauf reagieren wird. Vor einer Runde von Mitarbeitern geben Sie folgende Erklärungen ab:

- „Wie wäre es, wenn ..."
- „Stellen Sie sich vor ..."
- „Hypothetisch gesehen ..."
- „Nehmen wir einmal an ..."

Mit dieser Vorgehensweise erreichen Sie, dass Ihre Ideen vollumfänglich weitergetragen werden. Der „Versuchsballon" ist sehr wirksam, aber auch sehr gefährlich. Man denke nur an die innerbetrieblichen Unruhen und Störungen, die daraus resultieren können. Es kann aber auch ein interessantes Instrument sein, um Meinungen, Stimmungen und Absichten zu testen.

7.5 Raus aus einer Sackgasse

Oft wird eine Verhandlungssituation erreicht, an der Ihr Gegenüber nichts mehr für Sie tun kann. Er verweist immer wieder auf irgendwelche Gründe und Firmengesetze. „In unserem Hause wird das so und so gemacht." Am Schluss hören Sie dann folgenden Satz: „Tut mir leid, mir sind die Hände gebunden."

In diesem Fall können Sie fragen: „Sagen Sie, haben Sie je eine Ausnahme gemacht?"

Wenn Ihr Gegenüber dann (und wenn auch noch so unwillig) bejaht, schieben Sie nach: „Was war das für ein Fall?"

An dieser Stelle möchte ich Sie an Punkt 4.4 erinnern (Einflussfaktor Wissen: „Die Macht der Information"). Dort habe ich bereits darüber gesprochen, wie wir auf Machtverlust reagieren können. Meine Empfehlung dazu war: Flüchten Sie in sichere Bereiche! Wechseln Sie beispielsweise das Thema oder nutzen Sie Ihre Hintertür. Ob diese Technik in Ihrem Fall angewandt werden kann, ist unerheblich. Wichtig ist für Sie, dass Sie diese Möglichkeit in Ihr Verhandlungsrepertoire aufnehmen.

7.6 Einfach den Sachverhalt übergehen

Nehmen wir an, Sie sind Autoverkäufer und verhandeln gerade über den Verkauf eines Ladenhüters. Sie sind es gewohnt, schnell auf den Punkt zu kommen und hadern mit diesen Typen, die stets neue Fragen aus dem Hut zaubern. Sie sitzen in Ihrem Büro und der Kaufinteressent will gerade den Vertrag unterschreiben. Ein nicht unwesentlicher Verhandlungspunkt ist auf einmal das fehlende Warndreieck sowie der Verbandkasten.

Kunde: „Zum Verkauf des Fahrzeuges gehört doch auch ein Warndreieck und ein Verbandskasten, oder?"

Ihre Antwort als Verkäufer: „Lassen Sie uns zuerst die Zulassung und erste Wartung besprechen. Das andere regeln wir später. Auf wen soll der Wagen zugelassen werden. Wer soll die Zulassung durchführen? Möchten Sie ein Wunschkennzeichen?"

Was steckt hinter dieser Antwort? Der eigentliche Sachverhalt wird nicht geklärt („… das regeln wir später").

Durch das bewusste Wechseln zur Zulassung hin wird die Aufmerksamkeit abgelenkt. Käufer, die dies nicht durchschauen, werden gedanklich gesteuert. So umgehen gewiefte Verhandlungsprofis schwerfällige Themen oder Verhandlungspunkte, die nicht weiterverfolgt werden sollen. Vielleicht ist es auch ein Versuch, eventuelle Zugeständnisse auf ein Minimum zu reduzieren.

Empfehlungen für Sie als Verkäufer:

- Klären Sie jeden unklaren Punkt.
- Lassen Sie sich nicht auf später vertrösten. Schon oft gingen einzelne Punkte einer Verhandlung einfach unter oder wurden schlicht vergessen – bewusst oder unbewusst.
- Wenn Sie eine Frage haben, dann schreiben Sie sie auf. Diese Notiz wir Ihnen helfen.
- Halten Sie alles schriftlich fest (dieses Papier wird dann Anlage zum Vertrag).

8 Einfach raffiniert und clever verhandeln

Strategien für Ihren Erfolg

Viele Menschen pflegen eine moralische und seriöse Betrachtungsweise des Alltags. Sie sind überzeugt davon, selbst keine dubiosen Strategien anzuwenden, haben jedoch Angst davor, eines Tages auf einen raffinierten Verhandlungsstrategen zu treffen. Fehlt die grundlegende Fähigkeit, unterschiedliche Verhandlungsmuster zu erkennen, laufen sie Gefahr, ihrem Gegenüber in gewisser Weise ausgeliefert zu sein. Erkennen Sie sich darin ein Stück weit wieder? Möglicherweise hatten Sie auch bereits mit einem unseriösen Partner zu tun und haben es nur noch nicht erkannt …

Ich möchte Ihnen verschiedene Verhandlungsmuster vorstellen, damit Sie die Möglichkeit haben, typische Situationen besser einzuschätzen. Ich möchte Sie in die Lage versetzen, adäquat reagieren zu können. Sie müssen also nicht jede der hier vorgestellten Strategien selbst in die Tat umsetzen können.

Eventuell fragen Sie sich aber auch, was es bringt, diese Strategien zu kennen. Vielleicht können diese Vorteile Sie überzeugen:
- Sie können Ihre Verhandlungspositionen präziser einschätzen.
- Ihr Bewusstsein ist geschärft und Sie sind besser in der Lage, versteckte Absichten und Vorgehensweisen zu erkennen.
- Sie denken über Ihre Geschäftsabschlüsse/Besprechungen nach und können daraus lernen.
- Sie sind in künftigen Gesprächen „beweglicher", können schneller und besser reagieren.
- Sie werden sicherer, selbstbewusster und können somit Verhandlungen erfolgreicher gestalten.

Besonders warnen möchte ich Sie vor gefährlichen Momenten im Verhandlungsverlauf, mit denen wir uns unter Punkt 4.5 (Einflussfaktor

Emotion) bereits beschäftigt haben. Allerdings gibt es noch weitere signifikante Mechanismen, die ich Ihnen nicht vorenthalten möchte. Wiederum werden wir an einem Beispiel sehen, was Ihnen passieren kann.

8.1 Die Gegenleistung in der Praxis

In dieser Geschichte geht es um Lieferschwierigkeiten beim Kauf einer Maschine und um einen Nachbarn oder Freund, der Ihnen mit dem ständigen Ausleihen Ihres Werkzeugs auf die Nerven geht.

Beginnen wir mit dem Kauf. Sie haben auf einer Messe eine Maschine gekauft. Neben dem preiswerten Messeangebot konnten Sie eine Lieferzeit von sechs Monaten vereinbaren. Die Einzelheiten wurden schriftlich fixiert. Die terminliche Einhaltung der Lieferung ist Ihnen sehr wichtig, da zuerst noch die Fertigstellung des neuen Fundaments Ihres Neubaus erfolgen muss. Erst dann kann die Maschine angeliefert und aufgebaut werden. Nun erhalten Sie einen Anruf von Herrn Schmeichel. Er kündigt Ihnen an, dass es zu einer Verzögerung des Liefertermins kommt. Da sich aber auch Ihre baulichen Maßnahmen verzögert haben, kommt Ihnen die Verzögerung gar nicht so ungelegen. Zudem verspätet sich die Fälligkeit der Kaufpreiszahlung. Was antworten Sie?

Möglichkeit 1

Sie könnten jetzt sagen, „Hören Sie, das kommt uns eigentlich sehr gelegen, da sich unsere Vorbereitungen auch verzögert haben." Der Gegenseite fällt ein Stein vom Herzen, Sie hören es nur nicht.

Möglichkeit 2

Eine Alternative zu der ersten Antwort wäre allerdings die folgende Vorgehensweise. Sie bedauern mit entsetzter Stimme langsam und ruhig diese schlechte Nachricht. Sie wissen nicht, wie Sie dem Komitee für Investitionen (siehe Abschnitt 6.6, Nr. 1 „Die höhere Stelle") diesen Umstand erklären sollen. Es gäbe sicherlich noch weitere große Schwierigkeiten mit dem Kauf Ihrer Maschine. Der Ruf als Lieferant werde Schaden nehmen. „Wie bekommen wir nur, die Kuh vom Eis?"

Ihr Ziel ist es, den Umstand zu dramatisieren. Vermitteln Sie Ihrem Gegenüber, dass er durch Ihr Zugeständnis in der Pflicht ist, auch Ihnen einen Gefallen zu tun.

Erregte Kursteilnehmer springen jetzt auf: „Das können Sie doch nicht machen! Ihnen ist doch kein Schaden entstanden!" Einige Teilnehmer toben. Deshalb stelle ich klar: Ich kann nur empfehlen, es zur Kenntnis zu nehmen, da dies unweigerlich auf Sie zukommen wird. Bedenken Sie, dass nicht immer alles glatt geht. Die Profis unter uns wissen, dass sie nicht selten andere Geschäftspartner durch Zugeständnisse beschwichtigen müssen. Wie oft beispielsweise geht eine klar umrissene Lieferung in die Hose, weil wieder mal Ihr Lagermitarbeiter den Lieferschein nicht richtig gelesen hat? Und final möchte ich noch auf die Tatsache hinweisen, dass gelegentlich nicht die Wahrheit Grundlage unserer Gespräche ist.

Bringt Herr Schmeichel die Gegenleistung nicht selber ins Gespräch, fragen Sie direkt: Wenn wir bereit wären, Ihnen entgegenzukommen, was würden Sie dann für uns tun? Natürlich will Herr Schmeichel Ihnen höchstens eine Leistung zugestehen, die das Unternehmen nicht viel kostet. Sie hingegen wünschen sich einen möglichst hohen Gegenwert.

Ihre eigene Strategie könnte wie folgt aussehen: „Wir möchten gern, dass Herr Hartwig eine kostenlose Schulung erhält." Im schlechtesten Fall erhalten Sie keine Gegenleistung. Vielleicht sagt Ihr Gegenüber so etwas wie: „Sie haben etwas gut bei mir." Wann aber werden Sie Herrn Schmeichel wiedersehen? Wann werden Sie in Zukunft einen Bedarf an den Leistungen von Herrn Schmeichel haben?

Grundsatz: Wenn Sie auf etwas verzichten sollen, dann geben Sie niemals etwas ab, ohne nach der sofortigen Gegenleistung zu fragen.

Nun zum nervigen Nachbarn/Freund. Nennen wir ihn Herrn Leihe. Er ist so ein Typ, der alles kann, nur fehlt es ihm gelegentlich am passenden Handwerkszeug. Die goldene Lösung dieser Lücke sind allerdings Sie. Jedes Ihrer Werkzeuge ist sauber und ordentlich an der Wand in Ihrer Werkstatt befestigt. Sie sind stolz auf Ihre Werkstattausrüstung. Wenn Not am Mann ist, helfen Sie auch gern aus. Aber Ihr spezieller Freund scheint ein Dauerabo bei Ihnen zu haben. Sie wissen es bloß nicht. Nur Ihre Frau scheint das Leihgeschäft zu durchschauen, denn vor Kurzem fragte sie, wann Ihr Werkzeugverleih beim Amt angemeldet werden soll.

Einige Tage später betritt Herr Leihe wieder einmal Ihren Werkzeugpalast. „Ach, ich bin gerade dabei, einen neuen Stall für unsere Kaninchen zu bauen. Du hast doch diese Supersäge". „Ja, die habe ich". „Kann ich mir die kurz ausleihen?" „Klar, kein Problem, ich helfe doch, wo es geht."

Geht das auch anders? Ja, es geht. Bittet Sie ständig jemand um einen Gefallen, etwa wie hier in unserem Beispiel der Nachbar, der sich ständig Ihr Werkzeug ausleiht, sollten Sie an die Möglichkeit der **sofortigen Gegenleistung** denken, um Ihr Gegenüber von seinem Handeln abzubringen und zugleich Streit zu vermeiden. Und das geht so:

Jedes Mal, wenn Herr Leihe kommt, um sich etwas auszuleihen, bitten Sie ihn um etwas: „Ach, gut, dass du kommst. Ich bin gerade mit dem Garten beschäftigt." Und jetzt bitten Sie um Mithilfe bei der Gartenarbeit, um Unterstützung bei Ihren aktuellen handwerklichen Tätigkeiten oder um irgendetwas anderes, das sofort zu erledigen ist.

Überlegen Sie, was in Herrn Leihe vorgehen würde, wenn Sie ihn jedes Mal, wenn er zu Ihnen kommt, um eine kleine Arbeit oder Mithilfe bitten. Richtig, er kommt nicht mehr so oft rüber. Und siehe da, Sie lösen das Problem ohne Streitigkeiten.

Eine weitere, recht elegante Vorgehensweise ist auch das Erwähnen künftiger Aktivitäten. Sind Sie auf der Suche nach personeller Unterstützung, erwähnen Sie ab und an künftige Vorhaben. Herr Leihe wird diese Ankündigungen scheuen wie der Teufel das Weihwasser. Läuft er doch Gefahr, um Hilfe gebeten zu werden. Eine weitere Möglichkeit wäre eine Gegenleihe. Bei unliebsamen Situationen könnte man nach der kurzfristigen Überlassung des Fahrzeugs von Herrn Leihe bitten.

8.2 Die nachgeschobene Forderung

Bei dieser Verhandlung geht es gleich um zwei Aspekte, die nachgeschoben werden sollen. Einmal vom Arbeitgeber und dann vom Arbeitnehmer.

In diesem Beispiel sind Sie Unternehmer und beschäftigen einen Meister, Herrn Fleißig. Dieser kommt nun eines Tages zu Ihnen und bittet Sie um mehr Lohn. Wie reagieren Sie? Eventuell kommen Sie auf die Idee, ihm zu antworten: „Ich muss erst eine Nacht darüber schlafen." Also bitten Sie Herrn Fleißig, am Nachmittag des folgenden Tages wieder bei Ihnen vorzusprechen. In der Zwischenzeit können Sie überlegen, wie Sie Herrn Fleißig dazu bewegen, am Notdienst Ihres Unternehmens teilzunehmen.

Zusammenfassung der Situation:
Herr Fleißig, Ihr Meister, möchte mehr Lohn von Ihnen. Sie halten eine Erhöhung um 300 € für vertretbar. Sie möchten die Gehaltserhöhung aber an eine Teilnahme von Herrn Fleißig am Notdienst koppeln.

Einigung:
Im Gespräch mit Herrn Fleißig einigen Sie sich auf eine Erhöhung von 200 €. Herr Fleißig hat sein Ziel erreicht. Die Teilnahme am Notdienst ist jedoch noch offen. Raffiniert wie Sie sind, haben Sie sich etwas überlegt. Schauen wir an, wie Sie das machen.

Ende der Verhandlung:

Die Gehaltsverhandlung ist abgeschlossen. Sie schütteln sich die Hände. Alle sind froh, dass es vorbei ist, stehen auf und gehen Richtung Ausgang.

Kurz vor der Tür angekommen, halten Sie an und sagen: „Ehe ich es vergesse, ich wollte Sie noch zur Teilnahme am Notdienst einladen, ab nächsten Monat. Herr Wut und Frau Wellers sind auch dabei. Kann ich mit Ihrer Unterstützung rechnen?"

Antwort I: „Geht klar." Zehn Minuten später auf dem Heimweg im Auto sitzend, denkt Herr Fleißig: „Warum habe ich Ja zum Notdienst gesagt? Die Verhandlung war doch schon vorbei!"

Antwort II: „Danke für die Einladung, aber …" Herr Fleißig zieht den Kopf aus der Schlinge, aber dieses Nein können Sie später gegen ihn verwenden.

Alternative: Vorstellbar ist natürlich auch ein anderer Verhandlungsverlauf. Denn nicht nur Sie als Unternehmer, sondern auch Ihr Angestellter kann durchaus noch mit einem Sonderwunsch aufwarten, den er im Zuge des freundlichen Gesprächs vorbringt. Stellen Sie sich jetzt vor, Herr Fleißig geht nach Ende der Gehaltsverhandlung zur Tür und gerade, als er die Tür öffnen will, fällt ihm wieder ein, dass er den Chef noch nach dem bereits einmal erwähnten Ausbildungsplatz für seine Tochter fragen will.

Frage: „Ich wollte Sie noch an den Ausbildungsplatz für meine Tochter erinnern. Geht das jetzt in Ordnung?"

Die Antwort: „Na klar, kein Problem."

Im Laufe des Nachmittags denken Sie noch oft an diese Zusage. Sie sind verärgert. Eigentlich sollte doch Rita den Ausbildungsplatz bekommen. Oh, wie erkläre ich jetzt den anderen diesen Personalwechsel?

Überlegen Sie einmal, ob Ihnen dies auch schon einmal passiert ist. Es ist immer dann der Fall, wenn Sie denken, warum habe ich dies oder jenes gesagt? Also Obacht!

8.3 Leihe versus Kauf

Oft kann es sehr vorteilhaft sein, etwas zu verleihen. Manchmal ist es am Anfang sogar besser, einen Verleih anzustreben als einen direkten Verkauf. Warum, das zeigen Ihnen die folgenden Beispiele:

- Der Vorführwagen kann über das Wochenende gefahren werden.
- Eine Tierhandlung gibt für einige Zeit einen Hund mit nach Hause.
- Ein Elektrohändler stellt einer Familie einen neuen Fernseher zur Verfügung.
- Ein Landmaschinenhändler lässt den Landwirt einen Traktor ein paar Tage ausprobieren.
- Ein Fußballspieler wird zuerst für ein Jahr an einen anderen Club verliehen. Am Ende der Leihe können dann, je nach Vertrag, Kaufoptionen gezogen werden.

Der kleine Hund aus der Tierhandlung

Familie Glücklich nimmt für ein Wochenende von der Tierhandlung einen kleinen Hund mit nach Hause. Ganz unverbindlich bekamen sie das Angebot, vor dem endgültigen Entschluss für den kleinen Hund, das kleine Tier erst einmal „auszuprobieren". Noch am selben Nachmittag spielt die ganze Familie mit dem kleinen Tier. Alle Kinder der Straße wohnen dem Spektakel bei. Dies ist ein ganz besonderer Tag für alle. Keine andere Familie hat so einen schönen putzigen kleinen Hund. Diverse Kunststücke werden eingeübt. Er soll schließlich etwas lernen. Die zahlreichen Kinder sind begeistert. Familie Glücklich auch.

Die Überlegungen der Familie:

So ein kleiner Hund ist schon sinnvoll. Die Freunde und die anderen Kinder waren auch angetan. Mit diesem Hund sind wir Vorreiter in der Straße. Wir enttäuschen unsere Mitmenschen, wenn wir den Hund zurückgeben. Wie sage ich dem Händler „Eigentlich brauche ich den kleinen putzigen Wonneproppen nicht?"

Es fällt schwer, etwas, das man gerne genutzt hat, zurückzugeben. Vor allem dann, wenn das Tier so viel Freude bereitet hat. Alle gehen davon aus, dass der Hund jetzt zur Familie gehört. Und letztlich ist der letzte Schritt unglaublich schwierig: dem Händler das Tier wieder zurückzugeben. Das Flehen der Kinder will man nicht hören.

Die emotionale Einbindung des Kunden führt ans Ziel. Die Familie verliebt sich am Wochenende in das neue Haustier. Der Grundstücksmakler fotografiert Sie vor dem besuchten Objekt. Der Traktor wird zum Bestellen des Ackers genutzt. Das Gefühl ist hier mitentscheidend, die gefühlmäßige Verkettung und Identifikation mit der neuen Sache.

> **Grundsatz:** Ein Verleih erscheint dem Interessenten zunächst nicht als Kauf. Zieht ein Verleih eine emotionale Einbindung nach sich, ist er der erste Schritt zum Verkauf. Der Verleih und das Ausprobieren von Waren hat viele Vorteile. Der wichtigste Vorteil ist sicher die scheinbare Unverbindlichkeit.

Wer etwas leiht, hat noch lange nicht das Gefühl, gekauft zu haben. Dabei ist er häufig bereits ganz nah dran! Vorausgesetzt, es kann während des Ausleihens eine emotionale Bindung an das Produkt oder die Leistung erzeugt werden.

8.4 Herr Gut und Herr Böse

Immer wieder hat man es im Geschäftsleben mit einer schwierigen Konstellation zu tun: Zwei Menschen, die sich scheinbar gegensätzlich verhalten. Was das für Sie bedeuten kann, sollen Ihnen einige Beispiele verdeutlichen.

Stellen Sie sich einmal folgende Szene vor: Sie werden verdächtigt, einen Mord begangen zu haben. Das Einzige, das fehlt, ist die Leiche.

Die Indizien sprechen eine deutliche Sprache. Sie werden vorgeladen. Zwei Beamte nehmen Sie ins Kreuzverhör. Alles was Sie selbst wissen, ist die Tatsache, dass die Anschuldigung nicht stimmt.

Das brutale Verhör

Aus bekannten Filmszenen kennen Sie Techniken, die eingesetzt werden, um an die Wahrheit zu gelangen. Nun werden Sie in einen ungemütlichen, kahlen Raum geführt, man richtet ein grelles Licht auf Ihr Gesicht. Sie werden von einem sehr unfreundlichen, grob auftretenden Polizisten verhört. Nennen wir ihn „Herrn Böse". Natürlich halten Sie sich mit Ihren Aussagen zurück.

Zeichen der Situation

In prekären Situationen stehen Sie automatisch unter Druck. Dann sollten Sie Ihren Mund halten, auch wenn es Ihnen schwerfällt. Eine gewiefte Taktik besteht oft darin, dass Sie aufgefordert werden, Aussagen zu machen. Beispielsweise im Verhör oder einer Untersuchung. Oft werden taktische Versprechungen angeboten, die sich strafmildernd für Sie auswirken sollen. Sagen Sie bitte nichts. Außer, dass Sie Ihren Anwalt anrufen wollen.

Und plötzlich ... wird dieser unfreundliche Mensch von einem sehr freundlichen Kollegen abgelöst. Dieser Kollege heißt in unserem Beispiel „Herr Gut". Herr Gut erklärt/fragt:

- Ist es warm genug?
- Benötigen Sie eine Toilette?
- Haben Sie Hunger oder Durst?
- Ich würde Ihnen sehr gerne helfen.
- Hätten Sie gern eine Zigarette oder einen Kaffee?
- Er richtet das grelle Licht weg von Ihrem Gesicht.
- Er meint, dass der Fall gar nicht so schlimm für Sie aussehe.

- Er erzählt, dass er schon lange hier beschäftigt ist und weiß, wie es läuft.
- Er sagt: „Wenn Sie sich kooperativ zeigen, werde ich sehen, was ich für Sie tun kann."

Natürlich sind Sie erleichtert, wenn man plötzlich nicht mehr grob mit Ihnen umspringt und Ihnen zu glauben scheint. Der Stimmungswechsel und der Vertrauensaufbau lässt Sie glauben, Herr Gut sei auf Ihrer Seite. Doch genau hier liegt die Gefahr! Denn bei diesem Stimmungswechsel, der durch die Ablösung eines Verhandlungspartners verursacht wird, handelt es sich um eine gezielte Taktik der Verhandlungsführung.

Vergessen Sie nicht: Sie sind immer noch im Verhör. Alle Fakten sprechen gegen Sie. Und Herr Gut hat die gleichen Absichten wie Herr Böse, nämlich ein Geständnis aus Ihnen herauszulocken und den Ort, wo die Leiche liegt.

Beispiele für Paare mit gemeinsamen Interessen sind:
- Verwalter und Makler
- Makler und Eigentümer
- zwei Kollegen, zwei Geschäftsführer
- Eheleute, Verwandte (Vater und Sohn).

Die Vorteile dieser Strategie liegen auf der Hand:
- besserer Verhandlungserfolg
- rascher Aufbau von Vertrauen
- geeignet bei Verhandlungsstillstand
- zeitnahe Ergebnisse auch bei Gefahr des Auftragsverlustes.

Doch es gibt auch Nachteile dieser Strategie, vor allem dann, wenn die Taktik durchschaut wird. Dann besteht die Gefahr, dass Sie

- als unzuverlässig gelten
- als unehrlich empfunden werden
- dauerhaft das Vertrauen verlieren
- dass Ihnen die Kompetenz abgesprochen wird.

Empfehlung: Wer als alleiniger Verhandlungspartner mit zwei gleichgesinnten Interessenvertretern zu tun hat, sollte sich von Stimmungswechseln oder Disharmonien der Zwei nicht irreführen lassen. Und wer die Strategie anwenden will, muss rundum glaubwürdig wirken und darf keine Angst vor Vertrauensverlusten haben.

8.5 Reden ist Silber, Schweigen ist Gold

Im Kapitel über den Einflussfaktor Emotionen (Punkt 4.5) hatten wir bereits erfahren, dass es gefährlich sein kann, wenn Sie sich in einer Verhandlung gut fühlen. Wir standen auf dem Berg und genossen den schönen Ausblick. Alles war gut. Die Einigung war ja da. Sie wurde bestmöglich ausgehandelt, so denken Sie jedenfalls. Mag sein, dass Ihre Einschätzung stimmt. Aber eben nur aus Ihrer Sicht. Lassen wir die Entscheidung einfach mal so stehen. Kommen wir zu diesem guten Gefühl zurück. Dieses Gefühl ist für zahlreiche Erlebnisse des menschlichen Miteinanders mitverantwortlich.

Unterstellen wir einmal die folgende Tatsache: Eines der besten Gefühle ist es, verliebt zu sein. Ein fantastisches Gefühl. Die Hormone spielen verrückt. Die Welt dreht sich jetzt nur noch um Sie und Ihr Gegenüber. Für Kritik und Anregungen sind Sie aktuell kaum empfänglich.

Sie werden sich sicherlich fragen, warum ich Ihnen diesen Vergleich anbiete. Ganz einfach. Dinge, Sachverhalte sowie Beziehungen zu anderen Personen verändern sich im Laufe der Zeit. Aus Freundschaft wird gelegentlich auch Feindschaft. Im Laufe der Zeit verändern sich die Vorzeichen. Beispielsweise wird aus Ihrem langjährigen Geschäfts-freund auf einmal ein erbitterter Gegner. Als die Geschäfte noch gut liefen, wurde noch über vieles hinweggeschaut. Es lief ja. Allerdings lernte Ihr Partner in der Zwischenzeit einen neuen Lebenspartner ken-nen. Danach war es nicht mehr so wie früher.

Eine wichtige Anmerkung kann ich mir hier nicht verkneifen: Frage: Wenn Sie zu zweit eine Firma leiten und ein Dritter vergrößert den Kreis, was passiert dann? Im Grunde leiten jetzt drei Fachleute das Unternehmen. Sicherlich muss im Einzelfall genau untersucht werden, welchen Einfluss der neue Dritte hat.

Auf einem Seminar erzählte mir ein Steinmetz aus dem Münster-land folgende Geschichte. Seinerzeit wollte er einen Handwerksbe-trieb gründen. Als Steinmetz war er mehr Künstler als Kaufmann. Nach langer Suche fand er einen geeigneten Partner, der die Bücher führen konnte. So war der Weg frei, sich künstlerisch voll zu engagieren. Nach kurzer Zeit stellte er fest, dass zahlreiche unternehmerische Entschei-dungen unterschiedlich gesehen und bewertet wurden. Der eine sah nur die Zahlen, der andere nur das nötige Werkzeug. Folglich kam es zu ständigen Entscheidungsstreitigkeiten. Das Ende vom Lied war, dass sie sich wieder trennten.

Dieser Steinmetz gab mir den guten Rat: Wenn Du Dich selbständig machen willst, dann mache es allein. Fehlendes Know-how kann jeder-zeit kompensiert oder eingekauft werden. Betreiben zwei Gesellschaf-ter ein Unternehmen, so haben bereits vier Personen einen Einfluss auf die betrieblichen Entscheidungen. Die jeweiligen Partner haben oftmals differenzierte Vorstellungen, was die Verteilung von Gewinnen und Investitionen angeht. Probleme sind vorgezeichnet. Also Obacht.

Empfehlungen:
- Achten Sie mehr auf Ihre Gefühle.
- Meiden Sie Alkohol (er löst Ihre Zunge).
- Bei Zweifeln halten Sie lieber Ihren Mund.
- Tragen Sie Ihre Wahrheiten nicht nach außen.
- Überlegen Sie dreimal, bevor Sie etwas sagen.
- Betriebsgeheimnisse sind nun mal Geheimnisse.
- Hören Sie mehr auf Ihre Frau (oder auf Ihren Mann).
- Überlegen Sie gut, was Sie zu welcher Zeit wem mitteilen wollen.
- Denken Sie immer daran, dass andere sich schriftliche Notizen von Ihren Äußerungen machen können.
- Ein vertrauliches Gespräch verliert seinen Charakter nicht, nur weil Sie sich in einer neuen, schönen Umgebung befinden.

Jede Ausgangslage ist anders. Was ich Ihnen wünsche, ist auf jeden Fall, dass Sie immer erkennen, wem Sie vertrauen können.

8.6 Teilen wir doch einfach die Differenz

Immer wieder kommt es vor, dass ein Geschäftspartner die Teilung eines ausstehenden Betrags anbietet. Für solche Situationen muss man gewappnet sein. Dazu ein kleines Beispiel: Sie haben zwei Stunden lang über den Kauf einer Maschine verhandelt. Der Verkäufer bietet Ihnen das Gerät für 60.000 € an. Sie bieten 52.000 € und bleiben bei diesem Angebot.

Die Strategie des Käufers könnte mit folgender Aussage eingeleitet werden: „Leider sieht es so aus, als würde aus unserem Geschäft wohl nichts. Dabei sind wir im Grunde schon weit gekommen. Wir liegen nur noch 8.000 € auseinander. Schade um die Zeit und die Mühe. „

Wenn Sie diese Technik verwenden möchten, betonen Sie, wie in diesem Beispiel, dass die Verhandlung, wenn das Geschäft nicht zustande kommt, Zeitverschwendung war oder ist. Dies sei natürlich besonders schade, weil die finanzielle Verhandlungsdifferenz so gering sei. Dieser Unterschied erscheint momentan als zu groß. Allerdings könnte er aber auch in der Zukunft lächerlich klein sein. Wohlmöglich denken Sie dann, warum habe ich den Deal damals nicht gemacht?

Die bei dieser Strategie erwünschte Antwort des Verkäufers ist: Warum teilen wir nicht einfach die Differenz?

Damit ist genau der Moment gekommen, auf den Sie gewartet haben! Aber selbstverständlich geben Sie sich erstaunt ...

Grundsatz: Bieten Sie nie von sich aus die Teilung an. Versuchen Sie stattdessen, die andere Seite zur Teilung zu bewegen. Denken Sie daran: Wer mit dem Spiel beginnt, verliert in der Regel den Deal.

Als Käufer sagen Sie zum Beispiel: „Ich liege bei 52.000 und Sie bei 60.000 €! Sie meinen also, Sie würden auf 56.000 € heruntergehen?" Der Verkäufer antwortet darauf: „Ja, wenn Sie auf diese Summe hochgehen würden, wäre das Geschäft perfekt." Sie überlegen kurz und sagen dann: „Dieses Angebot klingt annehmbar. Ich werde es mit ... (höhere Stelle: zum Beispiel meinem Geldgeber, Partner) besprechen und sehen, was er davon hält."

Sie haben nun erreicht, was Sie wollten. Doch Vorsicht! Geben Sie das auf keinen Fall zu, um den Verkäufer im Glauben zu lassen, er selbst hielte die Fäden der Verhandlung in der Hand! Halten Sie sich also mit Ihrer Begeisterung zurück und bitten Sie sich eine kurze Bedenkzeit aus.

Am nächsten Tag sagen Sie dann: „Mein Partner will leider keinen Cent über 54.000 € gehen, da er glaubt, die Investition rentiere sich für uns nicht zu diesem Zeitpunkt und in dieser Höhe. Eigentlich schade, denn damit liegen wir nur noch 2.000 € auseinander." „Wir werden die Sache doch nicht an 2.000 € scheitern lassen, oder?"

Die Taktik beruht hier darauf, noch einmal die Zeit, Mühe und die geringe finanzielle Differenz zu betonen. Nachdem Sie Ihre Bedenken geäußert haben, signalisieren Sie durch Ihre Frage nach dem Scheitern des Geschäfts erneut Verhandlungsbereitschaft.

Empfehlung: Argumentieren Sie so lange, bis die andere Seite wieder vorschlägt, die Differenz zu teilen. Das Spiel beginnt jetzt erneut von vorn. Damit ergeben sich für Sie neue Möglichkeiten, den Kaufpreis zu reduzieren.

Seminarteilnehmer fragen mich immer wieder, ob denn so eine Strategie in der Praxis wirklich funktioniert. Erstens sollten Sie die Taktik kennen. Zweitens kann die erfolgreiche Anwendung sehr viel Geld bedeuten, auch wenn sie nicht immer funktioniert.

Grundsatz: Jeder Mensch hat andere Wünsche und Ziele. Die Bewohner der Erde haben alle eine unterschiedliche Perspektive. Meinungen, Ansichten, Wünsche entstehen aus individuellen Blickwinkeln. Ein Verhandlungspartner handelt nie nach dem gleichen Schema wie Sie.

9 Sechs Expertisen aus der Finanzpraxis

9.1 Die aktuelle Bonität ihres neuen Kunden

Am Anfang einer neuen Kundenbeziehung stellt sich immer die Frage: Wer ist mein Gegner? Haben wir es mit einem Seemann oder finanzkräftigen Investor zu tun? Hat er überhaupt Kohle? Und wieviel macht er denn pro Monat? War der Umgang mit alten Krediten in der Vergangenheit, in Ordnung? Steht etwas in der Schufa? Das sind alles Fragen, die durch eine Selbstauskunft (Schufa-Auskunft) geklärt werden können.

Bitte bedenken Sie: Diese Informationen benötigen Sie sofort. Ansonsten laufen Sie Gefahr, Beratungen durchzuführen, die grundsätzlich keine Chance auf Erfolg haben. Verweigert ein Kunde im diesem frühen Stadion der Verhandlung eine Unterschrift (zum Beispiel für die Schufa Auskunft) könnten weitere Probleme folgen. Jetzt ist der Zeitpunkt gekommen, Ihrem Gegenüber zu erklären, dass Sie die Finanzierung nicht begleiten können/wollen. Diese Andeutung bewirkt meist Wunder. Nach dieser Aussage entscheidet sich der weitere Weg: gemeinsam oder getrennt? Auch wenn Sie nichts aus diesem Buch lernen sollten, was ich nicht glaube, dann sollten Sie dennoch die Kraft entwickeln, jederzeit aufzustehen, um den Raum zu verlassen. Diese Fähigkeit ist äußerst wirksam und macht Sie zu einem erfolgreichen Verhandler.

Hierzu möchte ich Ihnen eine kleine Geschichte erzählen: Als ich dieses Buch schreiben wollte, führte ich im Vorfeld zahlreiche Telefongespräche. Ziel war die Suche nach einem renommierten Unternehmen, das sich darauf spezialisiert hatte, mir beim Schreiben des Buches bestmöglich zu helfen. Bei diesem Thema sprechen viele Anbieter von einem sogenannten Buch-Funnel. Dieser Begriff umfasst, wenn ich es recht verstanden habe, die Gesamtmaßnahmen, die getroffen werden, um möglichst viele Bücher zu verkaufen.

Im Nachgang darf ich sagen, dass jedes geführte Gespräch in diesem Zusammenhang förderlich war, auch wenn einiges zum Schmunzeln Anlass gab. In allen Gesprächen wurde zielstrebig auf ein „Du" hingearbeitet. „Das machen wir hier so". Dann fiel auf, dass die meisten Anbieter vorgaben, abzuwägen, mit wem man grundsätzlich zusammenarbeiten möchte und mit wem eben nicht. Manche sprachen sogar von einer Bewerbung. Diese Art von Erstgesprächen nannte man überwiegend „Strategiegespräche".

Nach der Erörterung des persönlichen Wettbewerbsvorteils (USP) ging es dann nahtlos über zu den Kosten. So wurde der Preis für eine Unterstützung stets in Anlehnung möglicher Einnahmen dargestellt. „Sie wollen doch vier-, fünf-, sechsstellig verdienen. Da sind doch 5.000 € kein Geld." Um sicherzustellen, dass ich über die notwendigen Ressourcen (Zeit/Geld) verfügte, kam es zu weiteren Fragen wie:

1. Wieviel Zeit haben Sie pro Woche für das Schreiben ihres Buches?
2. Wenn Sie sich für uns entscheiden, muss dann noch jemand zustimmen?
3. Können Sie über 5.000 € sofort verfügen?

Erklärungen zu den Fragen:
- Hintergrund zu Frage 1: Ist der zeitliche Einsatz möglich und realistisch?
- Hintergrund zu Frage 2: Die Frage zielt auf die alleinige Entscheidungskompetenz. Ein Verweis auf eine höhere Stelle sollte hierdurch ausgeschlossen werden.
- Hintergrund zu Frage 3: Ist das Geld in bar vorhanden oder müssen Sie etwas kündigen?

Nach diesen Fragen hatte ich genug. Irgendwie wurde ich den Eindruck nicht los, dass es dem Kollegen nur um die Sicherung seiner eigen Vermittlungsprovision ging. Aber ich mag mich täuschen.

Eine derartige Bonitätsüberprüfung sollte bei dem Projekt „Buch" nicht am Telefon stattfinden. Sicherlich muss im Vorfeld stark selektiert werden, um zahlungsfähige Kunden zu gewinnen. Alle diese Fragen hatten aber nur ein Ziel: Ist es möglich, mit diesem Anrufer ein Geschäft zu machen? Wenn ja, hat er die Kohle und ist er gewillt, sie auch auszugeben? Und final: Ist der Anrufer gut zu steuern? So war jedenfalls meine Einschätzung.

9.2 Die Beurteilung der Zahlungsfähigkeit

Die Zahlungsfähigkeit Ihrer Kunden ist entscheidend für die Qualität der Kundenbeziehung. Wie aber lässt sich diese fehlende Bonität elegant überprüfen oder ermitteln?

Eine weitere kleine Geschichte aus dem Autohaus sollte Licht in diese Angelegenheit bringen: Nehmen wir an, ein schlecht gekleideter und ungepflegt erscheinender Herr betritt Ihr Autohaus. Er interessiert sich für den Kauf eines Gebrauchtwagens (Preis: 15.000 €).

Wie reagieren Sie nun?

Sie müssen sich schnell entscheiden: Beraten Sie den Kunden höflich und zuvorkommend oder eher nach der Devise „der kauft sowieso nicht" oder „wieder ein Seemann, der nur guckt"? Zu diesem Zeitpunkt wissen Sie noch nicht, ob dieser Kunde ein Fahrzeug auch tatsächlich bezahlen kann.

Meine Empfehlung für eine derartige Situation: Auch wenn Sie nicht wissen, wie vermögend Ihr fremder Kunde ist, bleiben Sie freundlich und abwartend. Im Verkauf ist man ohnehin immer freundlich.

Als Erstes gilt es, die beabsichtigte Kaufbereitschaft zu überprüfen. Hierfür stehen einige Testfragen zur Verfügung:

1. Wie lange suchen Sie schon?
2. Wie sind Sie auf uns gekommen?
3. Was wissen Sie über unsere EU-Fahrzeuge?
4. Was wissen Sie über RE-Import Fahrzeuge?
5. Ab wann, wollen Sie Ihr neues Fahrzeug nutzen?
6. Wie stellen Sie sich die gesamte Abwicklung vor?

Zu diesen Fragen muss der Interessent irgendetwas sagen. Hören Sie gut zu und überlegen Sie, ob die Absicht fundiert und realistisch ist.

Einige Gedanken zu den Testfragen:

- Zu 1: Es gibt Kunden, die suchen schon fünf Jahre nach einem gebrauchten Pkw, den es zwar in ihrer Wunschvorstellung, aber nicht in der Realität gibt.
- Zu 2: Über diese Frage finden Sie heraus, ob er Sie gezielt aufgesucht hat oder nach dem Motto „Ich bin gerade hier, weil meine Frau auf der anderen Straßenseite den Internisten besucht."
- Zu 3 und 4: Kennt der Kunde den Markt?
- Zu 4: Ist der Kauf an zeitliche Grenzen gebunden?
- Zu 5 und 6: Wie realistisch ist das geplante Vorhaben?

9.3 Überprüfung der Zahlungsfähigkeit

Nach der ersten Abschätzung kommen wir nun zur Zahlungsfähigkeit. Es wird überprüft, ob der Interessent den künftigen finanziellen Verpflichtungen nachkommen kann. Ist Ihr potenzieller Kunde in der Lage, alle anfallenden Darlehenszinsen und Tilgungen der gesamten Laufzeit zu erwirtschaften?

In meiner Zeit als selbständiger Finanzierungsvermittler stellte ich immer wieder fest, dass eine große Unkenntnis im Finanzierungssektor herrscht. So waren viele Eheleute überrascht, wenn sie sahen, wie viel Geld sie während der gesamten Laufzeit zahlen mussten. Die Vergleichbarkeit von Darlehen, die nach circa 30 Jahren wieder zurückzuzahlen sind, werden nur in einem Gesamtvergleich offensichtlich.

Für diese Einschätzung des Kapitaldienstes benötigen Sie detaillierte Informationen von Ihren Kunden. Viele Verhandlungspartner haben Angst vor direkten Fragen. Sie befürchten, dass es dadurch zu einer Konfrontation mit den Kunden kommen kann. Schließlich besteht dann immer die Gefahr, dass sich Ihr Gegenüber durch direkte Fragen auf den Schlips getreten fühlt. Im schlechtesten Fall sieht er von seiner Kaufabsicht ab, was wir vermeiden wollen. Die direkte Frage nach dem Geld muss also umformuliert werden.

Einige Vorschläge:
- Geht der Pkw in Zahlung?
- Ziehen Sie eine Barzahlung vor?
- Wollen Sie leasen oder finanzieren?
- Spielt Umsatzsteuer für Sie eine Rolle?
- Wie wollen Sie den Erwerb darstellen?
- Läuft noch eine aktuelle Finanzierung?
- Nutzen Sie den Pkw privat oder geschäftlich?
- Hat Ihr Steuerberater eine Empfehlung ausgesprochen?

Vorsicht bei Kunden, die einem Steuerberater mehr vertrauen als ihrem eigenen gesunden Menschenverstand. Die vorstehenden Vorschläge können natürlich je nach Situation variieren. Sie sind eine Empfehlung. Mit Ihrer Spontanität und Eloquenz werden Sie eine passende Frage zum richtigen Zeitpunkt formulieren können. Wichtig ist mir hier, dass Sie erkennen, welcher Weg zielführend sein kann.

Die Antworten auf diese Fragen zeigen Ihnen, ob sich der Interessent bereits Gedanken über die Bezahlung gemacht hat oder nicht. Je konkreter er antwortet, desto höher ist die Wahrscheinlichkeit einer bestehenden Zahlungsfähigkeit. Gefährlich wird es dagegen, wenn Sie hören: „Die Modalitäten können wir später noch besprechen."

9.4 Anrechnung des Einkommens

Bei Finanzierungen ist ein wichtiger Punkt die Anrechnung des Einkommens. In der breiten Bevölkerung herrscht immer noch große Unklarheit darüber, was einzelne Banken als Einkommen bei einer Finanzierung anrechnen. Dazu muss man wissen, dass jede Bank ihre eigenen Regeln hat. Diese internen Gepflogenheiten basieren auf vergangenen Darlehensgeschäften. Vereinfacht gesagt wird oft das, was in der Vergangenheit gut lief, beibehalten. Folglich ist eine Bankanfrage an verschiedene Institute sorgfältig zu planen.

Bedenken Sie außerdem, das eine konkrete Finanzierungsanfrage zu einem Vermerk in der Schufa führt. Dieser Vorgang ist grundsätzlich nicht nachteilig für sie. Erlaubt es aber allen anderen Geldgebern, denen sie eine Schufa Auskunft unterschrieben haben, sich einen Gesamtüberblick der derzeitigen Kredite und Anfragen zu verschaffen. Und dies sollte erst dann erfolgen, wenn der angebotene Zinssatz dies erlaubt. Daher sollten Sie, wenn Sie eine Finanzierung planen, nur eine Konditionsanfrage starten.

In diesem Zusammenhang empfehle ich die Mithilfe eines neutralen Darlehensmaklers. Ein solcher kennt die Vor- und Nachteile einzelner Banken. Schwierige Finanzierungen werden dann gezielt gesteuert.

Manchmal ist es auch geschickter, eine Anfrage erst drei Monate später zu starten. Warum? Weil dann zum Beispiel die Probezeit der Lebenspartnerin vorbei ist und ihr Einkommen dann vollumfänglich mit angerechnet werden kann. Außerdem sind Finanzierungsmakler meist neutral, da sie nicht direkt bei einer Bank angestellt sind. Ihre Tätigkeit als Vermittler wird in der Regel von der finanzierenden Bank gezahlt.

Überprüfen Sie also, ob Ihr Vermittler frei in seiner Bankauswahl und Ihrer Beratung sein kann. Bedenken Sie aber, dass diese Vermittler meist den Markt sehr gut kennen und daher ihre spezielle Ausgangslage bestmöglich platzieren können. Dies wird umso interessanter, wenn Ihre Hausbank Ihr Vorhaben nicht begleiten will. Warum? Sie sind zum Beispiel zu alt. Anfang 2000 beispielsweise wurden kaum Darlehnsnehmer mit hohem Lebensalter finanziert, außer bei der ING-Bank. Diese Bank hatte kein Problem mit dem Alter. Es lohnt sich also, den Markt sehr gut zu erforschen. Ob die ING heute noch Darlehensnehmer mit hohem Alter begleitet, sollte überprüft werden. Es lohnt sich.

Noch einen Satz zu engen Finanzierungen. Einfache Ausgangslagen mit einem guten Einkommen können problemlos über Vergleichsportale gesteuert werden. Schwierig wird es, wenn die Finanzierungsanfrage durch Rücklasten, Altkredite, Schufa-Einträge oder Ihr persönliches Alter beeinträchtigt sind. Bei Vergleichsportalen kann dies zum sofortigen „Aus" führen. Dann ist der persönliche Kontakt zur Hausbank oder alternativ die Hinzunahme eines neutralen Vermittlers sehr zweckmäßig.

Wenn Sie Darlehensvermittler sind und die Bonität Ihres Kunden überprüfen wollen, können Sie diese Fragen verwenden:

- Besteht eine Probezeit?
- Sind Sie über 60 Jahre alt?
- Gibt es eine Schufa-Eintragung?
- Wurde eine Schufa-Anfrage gestellt?
- Wie hoch ist Ihr monatliches Einkommen?
- Wie hoch sind Ihre monatlichen Ausgaben?
- Kam es in der Vergangenheit zu einer Rücklastschrift?
- Bei wie vielen Banken wurde eine Schufa-Anfrage gemacht?
- Wurde in der Vergangenheit ein Kredit von der Bank gekündigt?
- Wie lange besteht Ihr Arbeitsverhältnis oder Ihre Selbständigkeit?
- Es ist Eigenkapital in Höhe von 30.000 € zu leisten, damit die Bank ABC finanzieren kann. Ist das für Sie möglich?

Mit diesen Fragen klären Sie den finanziellen Hintergrund des Interessenten. Überprüfen Sie die Ernsthaftigkeit seiner Absichten und seiner finanziellen Möglichkeiten. Gezielte Fragen sollten informative Antworten ergeben. Mit den genannten Fragen durchleuchten Sie seine Kaufabsicht und seine Bonität. Sträubt sich ein Kunde bei derartigen Fragen, sollten Sie vorsichtig werden.

9.5 Das Schnäppchen des Monats

Eine weitere mögliche Testfrage im Autohaus ist die Erwähnung eines „Schnäppchens". Sie könnten sie ungefähr so formulieren: „Und wenn ich ein Superangebot für Sie hätte? Ein vergleichbares Fahrzeug? Bessere Ausstattung, etwas jünger (circa drei Monate)? Kostet nur 1.000 € mehr. Soll ich Ihnen dieses Fahrzeug überhaupt vorstellen?"

Nun geht es wieder ums Zuhören. Was antwortet Ihr Interessent? Eine ungünstige Antwort wäre: „Ich hatte doch gesagt, dass ich nur 10.000 € habe." Gut dagegen wäre, wenn er zum Beispiel sagt: „Wenn es ein wirklich gutes Angebot ist, bin ich gern bereit mir das Angebot einmal anzusehen. Ich müsste dann zwar meine Festgelder kündigen, aber wenn es ein wirklich gutes Angebot ist, bin ich dabei."

Es ist wichtig, diese Fragen sehr frühzeitig zu stellen. Voraussetzung hierfür ist wiederum die Herbeiführung einer emotional guten Ausgangslage. Persönlich habe ich noch nie etwas von einem Verkäufer erworben, den ich nicht mochte. Dann habe ich oft lieber verzichtet. Aber das ist meine persönliche Meinung. Es lohnt sich immer, die vorhandene Bonität oder Zahlungsfähigkeit mit einem „Schnäppchen" zu testen.

Der Vorteil dieser Vorgehensweise: Bei der guten Antwort wird Ihnen bestätigt, dass der Kunde über 10.000 € verfügt. Überlegen Sie bitte, ob Sie diese Information durch die Frage „Haben Sie die 10.000 € überhaupt?" bekommen hätten. Bei einer derartigen Frage ist die Gefahr eines Gesprächsabbruchs sehr groß.

Im Grunde genommen wissen Sie jetzt, welche Fragen Sie stellen sollten. Unklar ist nur noch, wie solche Fragen am geschicktesten platziert werden. Eine mögliche Vorgehensweise zeigt das folgende Beispiel:

Der Verkäufer hat Ihnen gerade ein Produktdetail erklärt. Nun geht sein Blick auf einmal zur Seite, richtet sich wieder auf Sie und er sagt: „Es ist mir äußerst peinlich ..." Es folgt eine Pause von drei Sekunden. In dieser Zeit schießen Ihnen eine Menge peinlicher Gedanken durch den Kopf: „Was will der bloß von mir wissen? Verbindlichkeiten, Schulden, Alimente, sonstige Verpflichtungen ...?" Der Verkäufer räuspert sich kurz und fragt: „Wie hoch ist Ihr aktuelles Einkommen?" Sie hören die einfache Frage und sind erst einmal erleichtert. „Gott sei Dank, der Verkäufer/Finanzberater will nur Ihre Einkommenssituation kennenlernen." Bereitwillig geben Sie ihm die gewünschten Informationen.

Die übertriebene Betonung der Peinlichkeit gibt der eigentlichen Frage einen anderen Wert. Wenn Sie als Verkäufer etwas über Ihre Kunden herausfinden wollen, testen Sie es einmal aus!

9.6 Aus dem Alltag eines Finanzierungsberaters

Als Finanzierungsberater habe ich mir am Anfang einer neuen Kundenbeziehung stets einen ersten Eindruck verschafft. Schließlich wollte ich wissen, woran ich war. Ersteinschätzungen sind jedoch meist überzogen. Sie sollten auf ihren Wahrheitsgehalt hin überprüft werden. Die folgende Geschichte soll Ihnen zeigen, warum das so ist.

Die knallharte Beratung

Eines Tages wurde ich in die Wohnung des Kunden gebeten. Nach einer kurzen Begrüßung kam der Kunde mit entschlossenem Blick gleich zur Sache: „Nehmen Sie bitte Platz. Damit wir uns richtig verstehen, ich interessiere mich für ein Darlehen: 100 % Finanzierung, Laufzeit der Zinsfestschreibung 15 Jahre und eine kostenlose Sondertilgungsmöglichkeit. Die Zusage brauche ich binnen der nächsten fünf Tage, einen Termin beim Notar habe ich bereits vereinbart."

Um es gleich zu sagen: Ich habe bereits mit fünf Wettbewerbern gesprochen, die alle gewillt sind, mein Vorhaben zu begleiten. Als bester Zinssatz wurde mir 3,7 % genannt. Einige meiner Kollegen meinten, Ihre Zinskonditionen seien supergünstig und Sie würden eine schnelle Abwicklung garantieren. Wenn Sie also die 3,7 % unterbieten können, sind wir im Geschäft."

„O lala, der geht ja ran", dachte ich. Bislang hatte aber nur der Kunde von seiner Finanzierungsidee berichtet. Ich dachte: „Mal sehen wo die Reise hingeht". Als Finanzierungsberater lässt man den Neukunden erst einmal ausreden. Als mein Kunde fertig war, besprachen wir das Vorhaben in aller Ruhe gemeinsam. Ich begann die Möglichkeiten der Finanzierung zu präsentieren und machte auf alle Vor- und Nachteile aufmerksam.

Im Laufe des Gespräches kristallisierte sich Folgendes heraus: Tatsächlich hatte der Kunde nur mit zwei Wettbewerbern telefonisch gesprochen. Eine Finanzierungszusage lag überhaupt nicht vor. Ihm war lediglich eine Kondition genannt worden. Im weiteren Gesprächsverlauf erklärte er, dass er derzeit noch einen Altkredit mit einer monatlichen Rate in Höhe von 250 € zurückzahle. Allerdings sei die Sache bis Mitte nächsten Jahres abgeschlossen.

Seine Frau hatte vor Kurzem eine Nebentätigkeit mit geringfügigem Einkommen aufgenommen, sie befand sich noch in der Probezeit. Eigenkapital war in Höhe der Nebenkosten vorhanden. Die 3,7 % waren ihm bei einer Direktbank im Internet genannt worden, allerdings war die Festschreibung hier nur zehn Jahre und der Auslauf belief sich auf 80 %.

Fazit: Die anfänglichen Verhandlungskriterien relativierten sich im Laufe des Gespräches. Was zuerst wie eine Topkondition aussah, entpuppte sich als telefonisches Erstangebot ohne jegliche Gewähr. Zudem hätte noch ein Darlehensrest (Beleihung: 80 %) zusätzlich durch ein weiteres Darlehen abgedeckt werden müssen. Naturgemäß sind diese Zweitdarlehen teurer, da sie sich im Nachrang befinden. Die Darstellung der Finanzierung war zusätzlich noch durch die vorhandenen Altschulden belastet. Die Bonität wird von jeder Bank unterschiedlich bewertet. Probezeiten sind hier oftmals eine weitere Hürde wegen der Kündigungszeit.

Empfehlung: Es wird nichts so heiß gegessen, wie es gekocht wird. Bewahren Sie die Ruhe, auch wenn Ihr Kunde scheinbar gut informiert ist. Halten Sie den Ball schön flach. Dann ist er gut kontrollierbar.

10 Acht Verhandlungsbeispiele für Ihre Praxis

10.1 Der Ferienhausverkauf

Ehepaar Müller bietet in der regionalen Zeitung ihr Ferienhaus zum Verkauf an. Zum externen Inventar gehören ein Gartenschuppen, ein Rasenmäher und Gartenwerkzeug. Als Kaufpreis verlangen Herr und Frau Müller 100.000 €. Sie wollen nicht unter 90.000 € verkaufen. In der Anzeige, die sie aufsetzen, steht über die Preisforderung nichts.

Familie Schmidt interessiert sich seit Langem für das Objekt von Ehepaar Müller. Familie Müller weiß davon aber nichts. Als Herr Schmidt von dem Verkauf erfährt, ist er wild entschlossen, das Objekt zu erwerben. Vergleichbare Objekte mit gleicher Ausstattung und in guter Lage kosten circa 100.000 €. Herr Schmidt macht Ehepaar Müller ein erstes Angebot in Höhe von 110.000 €.

Wie sieht es auf der Seite der Verkäufer aus? Einerseits will Ehepaar Müller den Verkauf schnell abschließen, andererseits ist nach der Veröffentlichung erst ein Angebot eingegangen (das Angebot von Herrn Schmidt). Das bisher erste und einzige Angebot ist sehr attraktiv und verführerisch. Doch Herr und Frau Müller fragen sich, wie attraktiv weitere Folgeangebote sein können und wie hoch die Wahrscheinlichkeit ist, dass noch weitere Angebote eingehen. Sind die beiden auf dem richtigen Weg? Ja!

Empfehlungen:
- Nehmen Sie niemals das erste Angebot sofort an.
- Vermitteln Sie dem Interessenten in jedem Fall, dass der Kaufpreis zu niedrig ist.
- Stimmen Sie einem attraktiven Angebot nur sehr zögernd zu.

- Lenken Sie die Aufmerksamkeit auf Nebensächlichkeiten.
- Und in einem ähnlichen Fall wie bei Ehepaar Müller: Verkaufen Sie das Gartenwerkzeug und den Rasenmäher einfach selbst.
- Ist ein Angebot unwiderstehlich gut, dann schließen Sie bitte ab.

Praktische Tipps für den Verkauf Ihres Ferienhauses:
- Preisen Sie den Garten und die schönen Stunden in der Anlage.
- Geben Sie einen plausiblen Grund an, warum Sie das Haus aufgeben.
- Berichten Sie überall, wie gern Sie dort Ihre Freizeit verbracht haben.
- Gehen Sie zum Vorsitzenden der Anlage und berichten ihm vom Vorhaben.
- Berichten Sie in der unmittelbaren Nachbarschaft des Ferienhauses von Ihrer Verkaufsabsicht.
- Fertigen Sie einen Flyer von Ihrem Haus an und verteilen Sie ihn in der Ferienhausanlage.
- Erzählen Sie jedem, dass Sie Ihr Ferienhaus verkaufen wollen. Am besten Leuten, die Neuigkeiten gern weitertragen.
- Stellen Sie ein großes Schild vor Ihrem Objekt auf. Oder lassen Sie sich ein großes Banner fertigen. Verfassen Sie Ihre Verkaufsbotschaft in verschiedenen Sprachen.

Diese Aktivitäten sind das genaue Gegenteil zu der üblichen Herangehensweise von Hausverkäufern, die sagen „Wir wollen erst einmal ganz ruhig verkaufen" oder „Es muss ja nicht jeder wissen, dass wir unser Ferienhaus verkaufen wollen." Doch Sie werden sehen, es lohnt sich.

10.2 Die schicke Hose aus der Auslage

Unter Kapitel 4 (Einflussfaktoren in Verhandlungen) haben wir bereits gesehen, dass es verschiedene einflussreiche Aspekte wie Zeit, Macht, Preis, Wissen, Emotionen und Kommunikation gibt, die einen Einfluss auf Verhandlungen haben können. Im Weiteren möchte ich jetzt auf einzelne heikle Momente eingehen. Die nun folgende Situation ist Ihnen vielleicht schon begegnet: Sie gehen in ein Geschäft, da Sie in der Auslage eine schicke Hose gesehen haben. Sie erklären: „Ich hätte gern die Hose aus der Auslage in der Farbe Schwarz und in Größe 42." Der Verkäufer erklärt Ihnen, dass die Hose nur noch in den Farben Rot und Braun auf Lager sei. Schwarz sei ausverkauft. Aus irgendwelchen Gründen wird ihnen dann noch erklärt, wie die Hose hergestellt oder produziert wurde. Und Kinderarbeit spiele bei ihrer Herstellung auch keine Rolle. Allmählich fragen Sie sich, was denn los ist, mit dem Verkaufspersonal.

Was ist passiert? Sie haben eine klar definierte Kaufentscheidung geäußert, der jedoch nicht entsprochen wurde. Nun kann es viele Ausgangslagen geben, die das Verkaufspersonal dazu bringen können, eine klar definierte Kaufentscheidung zu unterlaufen. Beispielsweise könnte die Anweisung der Verkaufsleitung, endlich auch andere Hosen in anderen Größen und Farben abzuverkaufen, der Kaufabsicht entgegenstehen. Dennoch ist es wichtig dem von Ihnen geäußerten Wunsch bestmöglich zu entsprechen. Selbst dann, wenn das Lager noch voll ist.

Unterstellen wir die Tatsache, dass genau diese Hose so wie von Ihnen gewünscht in Farbe und Größe vorrätig ist, dann wäre der Deal innerhalb von fünf Minuten abschließbar. Vorausgesetzt, dass Sie keine Anprobe wünschen.

Mit dieser Geschichte möchte ich verdeutlichen, dass klar definierte Kundenwünsche oder Kaufabsichten manchmal einfach nicht ernst genommen werden. Ob sie nicht erkannt wurden oder ob man sie bewusst ignorierte, bleibt offen. Allerdings weiß ich aus eigener Erfahrung, dass diese Dinge einfach passieren.

Nehmen wir jetzt einmal an, der Verkäufer dieses Geschäfts erklärt Ihnen auf Ihren Wunsch hin freundlich, dass die Farbe Schwarz in der Größe 42 leider nicht mehr vorrätig ist. Es kommt zu folgendem Dialog:

Kundin: „Das ist sehr schade, denn die Hose wäre eine gute Ergänzung zu meiner bestehenden Kleidung gewesen. In nächster Zeit stehen außerdem mehrere Anlässe an."

Verkäufer: „Was halten Sie davon, die Hose in einer anderen Farbe einfach mal anzuziehen, um zu sehen, wie sie sitzt? Sie sind ja jetzt schon einmal hier. Ich denke da noch an eine alternative Möglichkeit."

Kundin: „Ja, okay. Die Zeit sollte ich mir nehmen."

Anprobe: „Die Hose sitzt wie angegossen. Schick."

Kundin: „Ja, finde ich auch."

Verkäufer: „Wissen Sie was, ich werde prüfen, ob uns die Hose aus einer anderen Filiale nachgeliefert werden kann."

Kundin: „Sehr nett, aber ich habe jetzt keine Zeit mehr."

Verkäufer: „Kein Problem. Ich würde das prüfen und Ihnen eine kurze Nachricht zukommen lassen. Wie wollen Sie die Nachricht erhalten?"

Kundin: „Per SMS, bitte."

Verkauf: „Super, ich kümmere mich. Lassen Sie mich noch kurz eines festhalten: Sie dürfen mir nicht böse sein, wenn ich die Hose nicht nachgeliefert bekomme. Schöne Sachen sind so schnell vergriffen."

Bei einem derartigen Verkauf haben Sie als Verkäufer nur wenige Minuten Zeit, eine Kundenbindung aufzubauen. Jeder Satz muss sitzen. Alles, was Sie sagen, sollte freundlich und zuvorkommend klingen. Ihre Kundin muss das Gefühl bekommen, dass dies etwas ganz Besonderes ist: „Da ist jemand, der mir in meiner Not hilft." So werden Sie als persönlicher Berater in Bekleidungsfragen wahrgenommen.

Empfehlungen für den Verkauf von Bekleidung:

- Ihr modischer Auftritt ist die Visitenkarte des Hauses.
- Kundenkarte und Kontaktdaten vertiefen eine Beziehung.
- Ziel des Verkaufsgespräches: Warum nicht eine kostenlose Farb- und Stillberatung?
- Nach der Anprobe wird der tatsächliche Eindruck bestätigt: „Das steht Ihnen", „An Ihnen sieht das Kleid aus, als ob es ... € kosten würde," oder auch: „Das steht Ihnen nicht. Wir suchen etwas, was besser ist."
- Wenn Sie keine Freude am Verkauf haben, dann tun Sie etwas anderes!
- Wenn ich selbst keinen Geschmack habe, dann kann ich auch andere nicht modisch beraten.
- Wenn jemand klar erklärt, was er will, spreche ich nicht mehr von Nebensächlichkeiten.
- Wenn ein Produkt nicht vorrätig ist, suche ich nach Alternativen (Ersatzlieferung von Filialen, anderer Hersteller oder Vergleichsprodukt).

Nehmen wir weiter an, dem Verkäufer in unserem Fall gelingt es, eine Ersatzlieferung zu realisieren. Was denken Sie, wie werden Sie wohl über seinen Service denken und was werden Sie in Ihrem Umfeld über ihn oder sein Haus berichten?

10.3 Das kostenlose Luxusfrühstück in Wien

Herr Meyer schenkt seiner Frau zum 15. Hochzeitstag eine sechstägige Reise nach Wien. Die beiden wollten schon immer in diese Stadt reisen. Die Wahl fiel auf ein 5-Sterne-Hotel inmitten des Zentrums. Im Gesamtpreis waren der Hin- und Rückflug, die Übernachtungen, Frühstück und Abendessen sowie die Eintrittskarten für einen Musical-Besuch enthalten. Das Haus verfügte über allerlei Annehmlichkeiten:

Beautyfarm, Sauna, Fitnessraum und so weiter. Dem Paar kam es bei dieser Reise jedoch nicht auf Fitness oder Wellness an. Es ging ihnen vielmehr um die Sehenswürdigkeiten dieser faszinierenden Stadt. Das Preis-Leistungs-Verhältnis stimmte also und man war in einem exklusiven Hotel untergebracht.

Kurz nach der Ankunft will Frau Meyer kurz mit dem Masseur des Hauses sprechen. So hat ihr Mann Zeit, sich das Hotel ein wenig genauer anzuschauen. Daheim geht er wöchentlich in ein Fitness-Studio und anschließend in die Sauna. „Ach", denkt er, „ich schau mir einmal kurz das Fitness-Studio und den Saunabereich an." Er erkundigt sich, wo die Einrichtungen zu finden sind. Die Putzfrau erklärt ihm, dass Sauna und Fitnessbereich wegen des Umbaus aktuell nicht genutzt werden können. Dies bringt Boris auf eine Idee. Er geht zur Rezeption und folgendes Gespräch entwickelt sich:

„Hallo Frau Mosbacher! Ich würde gleich gern in den Fitnessraum gehen. Wie komme ich dahin?"

„Herr Meyer, leider ist der Raum wegen der Umbauarbeiten zurzeit nicht nutzbar."

Herr Meyer antwortet freundlich, aber spürbar enttäuscht: „Ach herrje, da sind wir extra nach Wien gekommen, um unsere Fitness zu verbessern, und dann ist der Raum geschlossen. Ach herrje. Aber dann zeigen Sie mir wenigstens die Sauna."

Frau Mosbacher antwortet mit knallrotem Kopf: „Tut mir wahnsinnig leid. Auch die wird gerade umgebaut.

"Oh, nein!" Das Entsetzen Herrn Meyers ist unüberhörbar: „Ich wollte doch zusammen mit meiner Frau jeden Tag in die Sauna gehen! Vielleicht auch zweimal, morgens und abends."

Frau Mosbacher bemerkt, wie enttäuscht ihr Hotelgast ist. Herr Mayer fährt fort: „In Ihrem Hotelprospekt und im Internet werben Sie aber mit diesen Einrichtungen. Wir hatten die Reise wegen der Fitness und der körperlichen Erholung gebucht. Frau Mosbacher, Sie werden verstehen, dass wir nicht gewillt sind, diesen Umstand so zu akzeptieren. Wenn ich das meiner Frau gleich erzähle, wird sie einen hysterischen Anfall bekommen und das Hotel auf den Kopf stellen. Unseren Hochzeitstag haben wir uns anders vorgestellt. Was können Sie für uns tun?"

„Wir haben die Reiseveranstalter wiederholt auf diesen Missstand hingewiesen."

„Wissen Sie was, lassen Sie mich einfach mit dem Direktor sprechen."

Frau Mosbacher ist sichtlich unwohl in ihrer Haut und sagt betreten „Der ist heute erst ab 15.00 Uhr wieder im Hotel."

„Sagen Sie, um die Sache nicht weiter eskalieren zu lassen ... Sie haben doch dieses, wie heißt das Frühstück noch? Ach ja, Luxus-Frühstück. Könnten Sie uns nicht **als Ausgleich für die Unannehmlichkeiten** dieses Frühstück zum Gesamtpaket kostenlos dazubuchen?"

„Gern, dann hätten wir die Sache aus der Welt."

Sofort wird das Hotel-Ticket ausgetauscht und Herr Meyer hat sein Ziel erreicht. Er fährt jedoch fort: „Weil wir doch Donnerstag unseren 15. Hochzeitstag feiern, wäre es da wohl möglich, dass Ihr Haus zur Feier dieses Tages ein paar Blumen auf unseren Tisch stellen könnte?"
„Kein Problem."

Was glauben Sie? Sagen Ihre Verhandlungspartner immer die Wahrheit? Und wie könnte in diesem Fall eine Vermeidungsstrategie vonseiten des Hotels aussehen? Folgende Punkte wären sicher sinnvoll:
- Aktualisieren Sie Ihre Webseite so schnell wie möglich.
- Weisen Sie beim Einchecken auf den Umbau hin.
- Machen Sie zugleich auf etwas aufmerksam, das wieder geöffnet hat oder als neue Attraktion Wiens gilt. Verbinden Sie Ihre missliche Lage so mit einer Alternative, damit sie nicht zu auffallend wirkt.

10.4 Der Architekt und sein widerwilliger Auftraggeber

Die folgende Geschichte ereignete sich Mitte der neunziger Jahre. Architekt Huber hatte nach längerer Durststrecke endlich wieder einen Auftrag an Land gezogen. Herr Kurt, der Auftraggeber, erklärte, er wolle seine neu erworbene Gebrauchtimmobilie umbauen lassen. Die vorliegende Aufteilung der Räume gefiele ihm nicht. Kurt kam aus einem anderen Kulturkreis. Deutscher Bürokratismus missfiel ihm. Nach einem kurzen Erstgespräch zwischen Tür und Angel bekam Huber den Auftrag, eine Vorplanung zu erstellen.

Huber war schon sehr lange als Architekt tätig. Er hatte es aber versäumt, auf eine computerunterstützte Erstellung von Bauzeichnungen umzustellen. Er musste also immer noch die Zeichnungen auf dem Reißbrett zeichnen, was stets viel Zeit kostete. Waren Korrekturen erforderlich, mussten Entwürfe vollständig neu erstellt werden. Die Arbeitsweise war sehr aufwendig und unflexibel.

Nachdem Huber den Erstentwurf fertiggestellt hatte, wurden dem Investor die Pläne vorgestellt. Die Präsentation wurde mehrmals unterbrochen, da Kurt vier eingehende Anrufe auf seinem Mobiltelefon erhielt. Am Ende erklärte Kurt, dass ihm der ganze Entwurf nicht gefalle. Daraufhin erklärte Huber, dass er Geld für seine Leistung beziehungsweise den nächsten Entwurf haben müsste. Und dies in der Gewissheit, keinen schriftlichen Vertrag mit dem Auftraggeber zu haben. Die Abmachung beruhte lediglich auf einem Gespräch zwischen Tür und Angel. Geld spiele keine Rolle, so der Auftraggeber. „Machen Sie erst eine Planung, die mir gefällt. Machen Sie." Folglich ging Herr Huber erneut an die Arbeit, um dem Auftraggeber doch noch mit einem Entwurf milde zu stimmen.

Am Abend erzählte Huber seiner Frau von diesem Vorfall. Sie fragte ihn, ob er die Zeit für die erneute Zeichenleistung vergütet bekäme. Entsetzt von dieser Forderung meinte er: „Ich kann froh sein, dass ich den Auftrag überhaupt bekommen habe."

Die Geschichte wollen wir hier enden lassen. Fakt ist allerdings, dass der Architekt zu viele Stunden Arbeit investierte und diese auch nicht bezahlt bekam.

Empfehlungen
- Bei mündlichen Verträgen ist die Honorarabsicherung schwierig und ein Dauerbrenner.
- Um sicher sein Geld zu bekommen, gibt es einen Grundsatz: Die Aktivitäten sollten nicht vom Dienstleister ausgehen.

Entscheidend ist, vom wem die Initiative zur Ausarbeitung von Planungsleistungen ausgeht. Bittet ein Bauherr um die Erstellung von Vorentwurfsskizzen, liegt ein mündlicher Vertrag vor. Noch besser ist es, wenn der Auftraggeber Ihnen ein kurzes Schreiben zuschickt, in dem er Sie um die Erstellung einer Vorplanung bittet.

Grundsatz: Zuerst die Vereinbarung, dann die Leistung!

10.5 Die widerwillige Mutter

Inge ist 78 Jahre alt, rüstig und bei bester Gesundheit. Sie wohnt in einer schönen Dreizimmerwohnung, die nach dem Tod ihres Mannes eigentlich zu groß für sie geworden ist. Außerdem fällt es ihr schwer, neue soziale Kontakte zu schließen. Annette, ihre Tochter, macht sich seit dem Tod ihres Vaters große Sorgen um das weitere Leben ihrer Mutter. Ihr wäre es sehr viel lieber, wenn mehr Menschen um sie herum wären. Sie selbst ist beruflich sehr eingespannt, sodass ihr nicht sehr viel Zeit für ihre Mutter bleibt.

Im Ortskern wurde gerade ein neues Projekt fertiggestellt: Neubauwohnungen mit der Möglichkeit einer individuellen Betreuung durch die Caritas. Für Annette wäre dies die derzeitig beste Unterbringung ihrer Mutter mit einem Höchstmaß an Sicherheit und Versorgung. Vor zwei Monaten hatte es bereits ein Gespräch zwischen Mutter und Tochter gegeben. Das Ergebnis war, dass es für Inge auf keinen Fall infrage kam, in ein derartiges Domizil zu ziehen. Nur alte Menschen um sie herum, da wollte sie nicht hin. Deprimiert und voller Sorge, wie es mit Mutter weitergehen soll, gab die Tochter aber noch nicht auf.

Vor zwei Tagen wurde das Domizil offiziell eröffnet. Am Tag der offenen Tür konnten sich die Gemeindemitglieder und Interessierte von der Qualität der Einrichtung überzeugen. Dies ist eine willkommene Gelegenheit für Annette, sich mit ihrer Mutter eine Musterwohnung anzuschauen. Mit von der Partie ist Marta, Annettes Freundin. Als sie nun die Musterwohnung betreten, fängt Marta an, die wunderschöne Wohnung zu beschreiben. „Die Küche ist herrlich, da kommt meine eigene niemals ran. Und diese saubere Verarbeitung." Marta lässt sich auch über die großzügige Raumaufteilung der gesamten Wohnung aus, sie ist sichtlich begeistert.

Auf einmal betritt Frau Schönfelder den Raum. Sie ist eine Bekannte von Annette. „Willst Du hier einziehen?", fragt sie. „Nein," sagt Annette, „ich suche eine optimale Unterbringung für meine Mutter."

„Also, wenn ich die Wahl hätte, ich würde hier sofort einziehen, keine Frage", bemerkt Frau Schönfelder.

Allmählich fängt auch Inge an, sich für diese Möglichkeit zu erwärmen. Es wäre ja super, wenn sie wieder Skat spielen könnte. Sie hatte es früher immer sehr gern gespielt. Auch die Reiseangebote, die das Domizil im Programm hatte, weckte ihr Interesse. In den folgenden Tagen stimmt sie dem Angebot ihrer Tochter zu. Annette kann einige Wochen später ihre Mutter auf eine Warteliste setzen.

Fazit: Die anfänglichen Gespräche zwischen Mutter und Tochter glichen einem Hahnenkampf. Inge konnte einfach nicht auf die Vorschläge ihrer Tochter Annette eingehen. Es war Annette unmöglich, die Mutter umzustimmen. Sie war aus Sicht der Mutter immer noch ihr kleines

Kind. Und das Kind sollte die Mutter öfter besuchen und nicht in ein Altersheim abschieben. Erst die Meinungen und Fürsprachen anderer stimmten die Mutter langsam um. Wenn Kinder auf ihre Eltern einwirken wollen, bleibt dies oft ohne Wirkung. Kommt aber eine neutrale dritte Person dazu, so hat diese oftmals mehr Einfluss. Ähnliche Effekte zeigen sich in den verschiedensten Lebensbeziehungen. Besonders bei direkten Beziehungen, wie zum Beispiel Vater und Sohn.

10.6 Der neue Geschäftsführer

Ein gestandener Firmeninhaber plante, für eine seiner Firmen einen neuen Geschäftsführer einzustellen. Er war bereit, ihm maximal ein Jahresgehalt von 60.000 € zu zahlen. Schon bald fand sich ein geeigneter Bewerber, der alle Voraussetzungen erfüllte. Als der Zeitpunkt gekommen war, über die Bezahlung zu sprechen, sagte ihm der Bewerber mit gepresster und nervöser Stimme: „Alles, was unter 30.000 € liegt, kommt für mich nicht infrage!"

Nach einer längeren Zeit der Stille antwortet der Firmeninhaber mit erhabener Stimme, als würde das Schicksal der Nation auf dem Spiel stehen: „In Anbetracht Ihrer Berufserfahrung bin ich mit 30.000 € einverstanden."

Hätte der Bewerber 40.000 € verlangt, dann hätte er sie ihm auch bezahlt, das Gleiche gilt für 50.000 € und sogar 60.000 €. Denn das war die Summe, die bereits vor der Verhandlung feststand. Des Weiteren hatte ihm der Gesprächsverlauf so zugesagt, dass er sich innerlich sogar bereits darauf eingestellt hatte, den Höchstbetrag um weitere 10.000 € auf 70.000 € aufzustocken.

Der Geschäftsführer, den er engagierte, hatte sich also in wenigen Augenblicken selbst um 40.000 € pro Jahr gebracht. Eine Menge Geld. Warum hat er dieses Geld eingebüßt? Einfach nur deshalb, weil er selbst nicht daran glaubte, 70.000 € im Jahr wert zu sein. Der Inhaber musste sogar offen gestehen, dass er, nachdem er die Gehaltsvorstellung gehört hatte, für den Bruchteil einer Sekunde mit dem Gedanken gespielt hatte, den Bewerber fortzuschicken, ohne ihm den Job zu geben, da dieser seine Fähigkeiten offenbar so geringwertig einschätzte.

Die Zukunft zeigte, dass seine Entscheidung richtig war und der Inhaber außerdem eine Menge Geld gespart hatte. Der neue Geschäftsführer setzte sich indes im Laufe der Jahre mehr und mehr damit auseinander, dass er seinen Wert offenbar zu niedrig angesetzt hatte. Das kostete den Inhaber einige saftige Gehaltserhöhungen, aber die erbrachte Leistung war ihr Geld wert.

Grundsatz: Das Leben gibt uns genau das, was wir von ihm erwarten. Nicht mehr und nicht weniger. Wir vergessen jedoch leicht, dass es im Allgemeinen jedoch möglich ist, viel mehr als das zu bekommen, was wir uns vorstellen oder was wir gewöhnlich verlangen.

10.7 Die gut durchdachte Gehaltsverhandlung

Schon lange planen Sie, Ihren Arbeitgeber auf eine Gehaltserhöhung anzusprechen. Seit geraumer Zeit schon arbeiten Sie für einen viel zu geringen Lohn, so Ihre Überlegung. Aber auch hier heißt es erst einmal: Vorsicht! Denken Sie in Ruhe über sich und Ihre Situation nach. Als Erstes sollten Sie sich die Frage stellen: „Wie wichtig bin ich denn eigentlich für den aktuellen Arbeitgeber?

Eigen- und Fremdwahrnehmung der eigenen Arbeitsleistung unterscheiden sich nicht selten. Gut ist es, wenn Ihre Überlegungen zu einer positiven Einschätzung Ihrer Tätigkeit führen. Folglich kann dann auch der Verhandlungsprozess gestartet werden. Wenn nicht, sollten Sie überlegen, Ihre Produktivität zu erhöhen oder den Arbeitgeber zu wechseln.

Die nächste Frage ist aber: Wie gehe ich am geschicktesten vor? Was bringe ich vor? Was kommt gut an und was läuft auf eine Erhöhung oder Verbesserung des Gehaltes hinaus? Hierzu möchte ich ihnen ein weniger gutes und ein gutes Verhandlungsbeispiel vorstellen.

Zuerst das ungünstige Beispiel:

In letzter Zeit sind viele Dinge des täglichen Lebens einfach teurer geworden, zum Beispiel Kosten für Miete, Telefon, Auto, Versicherung. Da alles teurer geworden ist, muss sich doch auch mein Arbeitslohn erhöhen, so Ihr gedanklicher Ansatz. Ob dies allerdings Ihr Arbeitgeber auch so sieht, ist fraglich.

Jetzt zur besseren Vorgehensweise:

Als Erstes werden Sie sich angewöhnen müssen, diplomatisch vorzugehen. Die Preissteigerung in Ihrem privaten Umfeld hat nichts mit Ihrem Arbeitslohn zu tun. Wenn Ihr Arbeitgeber nicht mehr zahlt, müssen Sie den Arbeitgeber wechseln, Ihre Produktivität erhören oder sich um einen weiteren Job kümmern.

Ihr diplomatisches Geschick sagt Ihnen ganz richtig, dass Sie die folgenden Worte nicht verwenden sollten: „Gehaltserhöhung", „Gehaltsforderung" oder „Gehaltsverbesserung". Dies könnte wie ein rotes Tuch für Ihr Gegenüber wirken. Besser erscheint die konkrete Benennung von eigenen Leistungen zu sein. Hierzu ist es hilfreich, alle erfolgreichen Vorgänge der Vergangenheit zu dokumentieren. Dieses Hervorheben sollte ruhig und sachlich erfolgen. Noch besser wäre es, wenn Sie darlegen könnten, was in den verschiedenen Vorgängen dem Unternehmen eingespart oder verdient wurde. Daher ist es so wichtig, einzelne Vorgänge zeitnah schriftlich zu erfassen. Denken Sie bitte an Abschnitt 2.3 (Wer schreibt, der bleibt). Hierzu gehört auch die Aufzählung von neuen Kunden, die Sie gewonnen oder zurückgeholt haben. Außerdem sollten neu übernommene Projekte nicht vergessen werden. Die Aufzählung erfolgreicher Arbeiten sollte bei Ihrem Gegenüber zu einer positiven Einschätzung führen. Erst jetzt können Sie in die Verhandlung einsteigen.

Eine mögliche Formulierung wäre: „Aufgrund der … empfinde ich mein aktuelles Gehalt nicht mehr angemessen. Meines Erachtens sollte es um … Prozent erhöht werden."

Zeigt sich von der Gegenseite kein Entgegenkommen, sollten Sie nicht Ihre Fassung verlieren. Stellen Sie einfach die Frage, was getan werden sollte, um im kommenden Jahr eine Erhöhung zu bekommen. Kommt auch zu dieser Frage keine Reaktion, ist der Verhandlungsprozess vielleicht schon zu Ende.

Entweder pokert Ihr Gegenüber sehr hoch oder er überlegt, ob es nicht besser wäre, wenn Sie aus dem Unternehmen aussteigen würden. Vielleicht denkt er auch, „hoffentlich verlier ich ihn nicht, wegen dieser Verhandlung". Gehen wir einmal davon aus, dass es zu keinem Entgegenkommen kommt, dann können Sie immer noch andeuten:

„Ich muss mir aufgrund dieses Verhandlungsverlaufes überlegen, den Job zu wechseln."

Wenn es jetzt wiederum nicht zu einer positiven Reaktion kommt, ist das Arbeitsverhältnis gefährdet. Betonen möchte ich noch, dass diese Äußerung nicht als Erpressung klingen sollte. Bestenfalls kommt es final zu einem neuen angepassten Gehalt. In derartigen Situationen, also dem Punkt, an dem es zur Einigung kommt, sind beide Verhandlungspartner sehr gefährdet. Es ist emotional einer der gefährlichsten Punkte beim Verhandeln (siehe auch Abschnitt 4.5 Einflussfaktor Emotion – schwere Verhandlungen).

10.8 Der Durchlauferhitzer und die Meinung der Experten

In unserem Mehrfamilienhaus wird das Warmwasser für Handwaschbecken, Dusche und Wanne über einen Durchlauferhitzer erhitzt. Ende 2020 sollten drei Entnahmestellen gleichzeitig repariert werden. Meine Frau hatte im Internet Wannen- und Duscharmaturen eines bekannten deutschen Markenherstellers gefunden und auch bestellt. Ihr Vater favorisierte stets diesen Anbieter.

Nach Eingang der Bestellung sollte eine renommierte Firma den Austausch der Armaturen durchführen. Dazu rief ich mehrere selbständige Handwerker an und erklärte ihnen mein Anliegen. Als den Handwerkern klar wurde, dass sie keine eigenen Ersatzteile liefern konnten, nahmen sie Abstand von diesem möglichen Auftrag. Einer erklärte, dass er ständig angefragt werde, Dinge zu verbauen, die im Netz zuvor erstanden wurden. Er könne schließlich keine Gewährleistung für Ersatzteile übernehmen, die er selbst nicht geliefert habe.

Ich kann diese Unternehmer auf der einen Seite gut verstehen. Natürlich möchten sie gerne ihre eigenen Armaturen liefern, um den Gewinn pro Auftrag zu maximieren. Auf der anderen Seite kann man natürlich mit kleinen Dienstleistungen auch neue Kunden gewinnen. Immerhin fällt in unserem Mehrfamilienhaus immer wieder etwas an. Nach mehreren Gesprächen entschloss ich mich, die neuen Armaturen selbst zu montieren.

Ein kleines Problem tauchte aber dennoch unerwartet auf. In unserem Bad befinden sich drei Abnahmestellen: Waschbecken, Dusche und Wannenbad. An den Endstellen Dusche und Wanne kam kein warmes Wasser an. Wir schlussfolgerten, dass zu diesem Zeitpunkt auch der Durchlauferhitzer seinen Dienst quittiert hatte. Zwecks Überprüfung riefen wir einen Elektriker an, der umgehend seine Funktion überprüfte. Nach einigen Messungen teilte er uns mit, dass das Gerät funktioniere, aber die Gesamtleistung des Gerätes nicht mehr für drei Abnahmestellen ausreiche. Meine Frau meinte dazu: Die Kapazität des Erhitzers reichte in der Vergangenheit immer für die Versorgung der drei Abnahmestellen. Er verwies auf einen anderen Fall seiner aktuellen Praxis, bei dem die fehlende Leistung des gleichen Durchlauferhitzers die gleichen Probleme verursacht hatte. Nach dieser Feststellung schloss er seine Werkzeugkiste und verschwand. Zu diesem Zeitpunkt war ich sauer, dachte aber: „Lass erst einmal eine Nacht vergehen. Duschen können wir schließlich auch in unserer anderen Wohnung."

Am anderen Tag fing ich an zu überlegen, was denn das eigentliche Problem ist. Was scheint unumstößlich zu sein? Der Durchlauferhitzer funktioniert. Am Handwaschbecken (erste Entnahmestelle) kommt warmes Wasser an. Nur nicht an den beiden folgenden Abnahmestellen in Dusche und Wanne. Also überprüfte ich zuerst die Warmwasseranschlüsse in Dusche und Wanne. Erwärmen sich diese Anschlüsse bei Normalbetrieb? Gesagt, getan. Die Anschlüsse wurden zu meiner Freude schön warm. Also mussten die neuen Armaturen das eigentliche Problem sein könnte. Im Netz sah ich mir dann die Feineinstellungen der neuen Armaturen genau an und übertrug sie auf unser Bad. Danach konnten wir mit Freude unser Bad an allen drei Abnahmestellen nutzen, genau wie zuvor.

Empfehlungen:
- Holen Sie sich eine zweite Meinung ein.
- Hinterfragen Sie die Aussagen sogenannter Fachleute.
- Glauben Sie nicht allen, die Ihnen etwas sagen wollen.
- Benutzen Sie Ihren eigenen Verstand. Achten Sie auf Ihr Bauchgefühl.
- Hören Sie auf Ihre Frau oder Ihren Mann. Es lohnt sich, glauben Sie mir.
- Werden Sie skeptisch, wenn ohne ordentliche Überprüfung sofort zu einer Reparatur geraten wird. Mutmaßungen und Einschätzungen sollten Ihnen nicht reichen.

Schlusswort

Bei der letzten Durchsicht der erstellten Seiten überkommt mich ein gutes Gefühl. Nun endlich ist das Buch fertigstellt. Ein beglückender Moment. Es lohnt sich also, dran zu bleiben. Es stärkt die Selbstdisziplin. Die Fähigkeit, etwas anzufangen und es dann auch fertigzustellen. Diese Kraft und Erfahrung wünsche ich Ihnen auch.

Danken möchte ich jeder Person, die mich auf meinem Weg geformt hat, ohne einzelne Personen in den Vordergrund zu stellen. Ein besonderer Dank gilt natürlich meinen Eltern, die mir mit ihren einfachen Mitteln eine erfüllte Kindheit und Jugend ermöglicht haben.

Wenn ein Autor ein Buch schreibt, dann hat es oftmals, auch wenn es ein Sachbuch ist, viel mit dem eigenen Leben zu tun. Die hier vorgestellten Techniken müssen also nicht von jedem selbst erlebt werden. Das ist ein echter Vorteil für Sie, denn dadurch sparen Sie sich viel Lebenszeit. Überdies ist es sinnvoll, zum richtigen Zeitpunkt die effektivste Technik zu kennen, um nicht übervorteilt zu werden. Vor allem dann, wenn Sie sich oft fragen: „Warum ist mir dies oder das gerade nicht eingefallen?" Ferner würde es mich beglücken, wenn Sie die eine oder andere Technik erkennen, ganz nach dem Motto: Jetzt wird mir klar, was seinerzeit geschah.

Ein weiterer Vorteil der Verhandlungstechniken, die ich Ihnen in diesem Buch vorgestellt habe, beruht auf der Tatsache, dass sie zeitlos sind. Sämtliche Verhandlungsmethoden lassen sich wechselseitig einsetzen und ergänzen somit die einzelne Strategie. Darüber hinaus unterliegen sie keinem Trend oder dem Mainstream. Indem Sie dieses Buch gelesen haben, haben Sie sich Know-how erworben, das Sie privat oder aber auch für Ihr Business nutzen können. So wird Verhandeln ein ganz normaler Bestandteil des Alltags werden, der sogar Spaß machen kann.

Weitere Informationen um das Verhandeln erhalten Sie natürlich auf meiner Web-Site: www.norbert-wessels.de. Hier spielen die terminlichen Ankündigungen der kommenden Veröffentlichungen eine zentrale Rolle. Wenn Sie sich ein praktisches Training oder Coaching wünschen, dann kommen Sie gerne auf mich zu. Am einfachsten mit einer kurzen Mail: norbert-wessels@mail.de.

Final wünsche ich Ihnen, dass sie sich persönlich durch dieses Buch zu einem versierten Verhandlungsprofi weiterentwickeln, der vor Verhandlungen keine Angst hat, sondern sie gerne herbeiführt.

Viel Erfolg auf Ihrem Weg!

Ihr Norbert Wessels

Literaturempfehlungen

Bandler Richard, Donner Paul (Hrsg.): Die Schatztruhe:
NLP im Verkauf. Neue Wege und Übungen zum Erfolg,
Paderborn, 1995.

Carnegie, Dale: Sorge dich nicht, lebe. Fischer,
Frankfurt am Main, 2011.

Carnegie, Dale: Wie man Freunde gewinnt. Fischer,
Frankfurt am Main, 2019.

Jung, Daniel: Let's Rock Education- Deutschlands erfolgreichster Ma-
the-Youtuber: Was Schule heute lernen muss. Droemer,
München, 2020.

Krüger, Wolfgang: Liebe, Macht und Leidenschaft. Herder spektrum,
2006.

Monroe, Douglas: 21 Lektionen in praktischer Druidenmagie,
Bauer Freiburg, 1996.

Münk Dieter, Schelten, Andreas (Hrsg.): Kompetenzermittlung für die
Berufsausbildung, BIBB, 8 AGBFN, München 2010, S. 238, 239.